Succession et héritage

Dans la même collection

Préparer et réussir sa retraite (à paraître)

LES GUIDES

Notre temps

Succession et héritage

Catherine Doleux-Janat

l'Archipel

www.editionsarchipel.com

Si vous souhaitez recevoir notre catalogue et être tenu au courant de nos publications, envoyez vos nom et adresse, en citant ce livre, aux Éditions de l'Archipel,
34, rue des Bourdonnais 75001 Paris.
Et, pour le Canada, à
Édipresse Inc., 945, avenue Beaumont, Montréal, Québec, H3N 1W3.

ISBN 978-2-8098-0173-6

Sommaire

Première partie

Préparer sa succession

Faites le point sur votre situation 15
Votre patrimoine 15
Récapituler 15
Évaluer vos biens 16
Décider en conséquence 16
Votre situation matrimoniale 17
Vous êtes marié : tout dépend du régime 17
Vous avez conclu un Pacs 22
Changer de régime matrimonial en cours de mariage 23
Vous vivez en concubinage 24

Qui sont les héritiers ? 27
Ce que dit la loi 27
Qui a priorité sur qui ? 27
Comment se calculent les degrés de parenté ? 28
Les enfants d'abord 28
Égalité de traitement 29
Une place pour le conjoint 30
Le couple est locataire 30
Le couple est propriétaire 31
Au cas par cas 32
Vous êtes marié avec enfant(s) 32
Vous vivez seul et avez des enfants 33
Vous êtes marié sans enfant 34
Vous êtes célibataire sans enfant 35
Vous vivez en concubinage 36
Vous avez conclu un Pacs 36
Sans famille proche 36

Quelle est votre marge de manœuvre ? 39
Des héritiers protégés par la loi 39
La quotité disponible 40
On ne peut déshériter ses enfants 40
Quand le conjoint est-il héritier réservataire ? 41

Augmenter la quotité disponible au profit du conjoint 42
Des héritiers exclus par la loi 43
S'arranger en famille 44
Le pacte successoral révolutionne l'héritage 45
La donation-partage étendue 46
Peut-on déshériter un proche ? 47
Vous constituez une rente à partir d'un capital 48
Une rente à partir d'un viager immobilier 48
Hors succession : le contrat d'assurance vie 49

Deuxième partie

TRANSMETTRE SON PATRIMOINE

Comment donner de son vivant ? 55
Que pouvez-vous donner, à qui ? 55
L'effet immédiat de la donation 55
Donation sous condition 56
Une décision irrévocable 57
Les limites de la générosité 58
Les donations d'aujourd'hui pèsent sur l'héritage de demain . 59
Établir la réserve : prise en compte des dons et des legs 59
Le rapport, pour l'égalité entre les héritiers 60
À quelle date apprécier la valeur d'une donation ? 61
Jamais sans mon notaire... ou presque 63
Choisir la bonne formule 64
Le présent d'usage 64
Un don d'argent jusqu'à 31 272 € 64
La donation simple 65
Le don manuel, sans formalité 66
La donation-partage 67
Une donation en deux temps 69
La donation avec réserve d'usufruit 71

Organiser votre succession 75
Comment rédiger son testament 75
Qu'est-ce qu'un testament ? 75
Qui peut faire un testament ? 76
Les trois formes de testament 76
Le Fichier central des testaments 79
Comment modifier ou révoquer son testament ? 80

Le contenu du testament 81
Faire une donation entre époux 84
Le choix du contenu 85
La donation entre époux a-t-elle encore un intérêt ? 85
Ne confondez pas avec la donation de « biens présents » 86
L'assurance vie 87
Un capital transmis hors succession 87
Pour minimiser l'impôt 88
Organiser la gestion de sa succession 91

Troisième partie

PROTÉGER VOS PROCHES

Protéger votre conjoint 95
Changer de régime matrimonial 96
Les différents régimes 96
Protection maximum 97
Le coût de l'opération 98
Faire une donation entre époux 99
Rédiger un testament 100
Souscrire un contrat d'assurance vie 100

Protéger votre concubin 103
Signer un Pacs 104
Le sort des biens 104
Les personnes ayant conclu un Pacs avant 2007 104
Testament impératif 105
Faire des donations 106
Avantage au Pacs 106
Concubins : fiscalité lourde 106
Tout prévoir dans un testament 107
Souscrire un contrat d'assurance vie 108
Avantages et précautions 108
Miser sur l'assurance prévoyance 109
Donner ou léguer l'usufruit 109
Léguer un droit d'usage et d'habitation 110

Transmettre à vos enfants 113
Faire des donations 113
Égalité ou avantage ? 114

Une somme de 31 272 € en franchise d'impôt 115
156 359 € tous les six ans 115
La donation-partage 117
Le risque 117
Organiser la donation 118
Composer les lots 118
Le sort des donations passées 120
Les donations-partage dans les familles recomposées 120
L'assurance vie 121
Protéger un enfant handicapé 122

Protéger vos petits-enfants 125
La donation pour aider vos petits-enfants 125
Le don manuel 126
Donner directement aux petits-enfants 127
Match : donation contre donation-partage 128
Le testament-partage 129
L'assurance vie 129

Quatrième partie

APRÈS LE DÉCÈS

Démarches et obsèques 135
L'organisation des obsèques 136
Les délais 136
Quelle forme de sépulture ? 137
Choisir l'entreprise de pompes funèbres 138
Pour régler les frais d'obsèques 139

Recourir au notaire 141
Le rôle du notaire 141
Préparer le premier rendez-vous 143
Si le défunt a fait un testament 144

La situation du conjoint survivant 147
Les comptes et les placements 147
Le logement 149
La pension de réversion 150
Remboursement des frais de soins 151
Les impôts 151

La voiture 152
Aide-mémoire des démarches à entreprendre 152

Cinquième partie

RÉGLER LA SUCCESSION

Accepter ou refuser la succession 157
Évaluer la situation 157
Les dettes connues et à venir 158
La prestation compensatoire 158
Les prestations sociales 158
Faire mettre des scellés 160
Des délais pour prendre sa décision 160
Accepter purement et simplement 162
Pas de formalité obligatoire 162
Les règles de l'acceptation tacite 162
Les conséquences de l'acceptation 163
Le cantonnement 164
Accepter « à concurrence de l'actif net » 164
Quelles démarches ? 165
Quinze mois pour régler les dettes 165
Renoncer à la succession 166
Dans quels cas renoncer ? 166
Les effets de la renonciation 167

Chiffrer la succession 169
La liquidation du régime matrimonial 169
Patrimoine et donations 170
Les dettes de la succession 171

Gérer les biens de la succession 173
La prise de décision 173
Les règles de base de l'indivision 174
Quand les héritiers indivisaires s'organisent 175
Choisir un gestionnaire 175
La durée de l'indivision 178
Indivision en sursis ou maintenue 178
Héritage à vendre 178
Avance sur héritage 179
Sortir de l'impasse avec le mandat successoral 179

La fin de l'indivision 179
Le partage amiable 180
Le partage judiciaire 181

Déclarer la succession 183
Les biens à déclarer 184
Si le défunt possédait un bien en usufruit 184
Sur quelles bases établir la déclaration ? 185
Les biens exonérés 187
À ne pas porter dans la déclaration 187
Les dettes à déduire 188
Le calcul des droits 189
L'abattement à retrancher 189
La prise en compte des donations antérieures 190
Le barème de l'impôt 191
Les réductions possibles 191
Des exonérations de droits de succession réservée 191
Le paiement des droits de succession 192

Barèmes et calculs 195

Adresses utiles et textes de référence 207

Glossaire 209

Index 214

PRÉPARER SA SUCCESSION

Entre juin 2006 et août 2007, trois lois ont modifié en profondeur les règles de la succession et de l'héritage. Tenant compte de l'allongement de la vie et de la multiplication des familles recomposées, cette réforme modernise d'abord la transmission des biens, du vivant de quelqu'un et à son décès. Le principe fondamental selon lequel « les enfants héritent, à parts égales, de leurs parents » n'est pas remis en cause ; mais il peut désormais, avec le consentement des intéressés, être contourné de différentes façons. C'est ensuite l'aspect fiscal de l'héritage qui subit une révolution, notamment avec la suppression des droits de succession entre époux.
Ce nouveau droit de l'héritage bouleverse les pratiques traditionnelles de transmission du patrimoine qui permettent d'assurer la protection des proches les plus vulnérables, tout en préservant la paix dans la famille et en faisant des économies sur le plan fiscal. Ainsi, même lorsqu'on a pris les dispositions nécessaires, il est recommandé de refaire le point avec son notaire.

Faites le point sur votre situation

Les décisions que vous allez prendre pour transmettre votre patrimoine dépendent des buts que vous désirez atteindre ; voulez-vous avant tout protéger votre conjoint ou compagne (ou compagnon), un enfant en particulier, contenter tout le monde, ou faire baisser le montant des droits de succession à payer par vos héritiers ? Quoi qu'il en soit, pour faire les bons choix, vous devez tenir compte de la valeur de vos biens, de votre situation matrimoniale et de la composition de votre famille.

Votre patrimoine

Faire un bilan de ce que l'on possède est absolument nécessaire, tant du point de vue fiscal que pour savoir ce que l'on peut effectivement donner ou léguer. Il vous faut donc avant toute chose recenser et évaluer vos biens ; ceux dont vous êtes propriétaire à part entière, et ceux que vous partagez avec une autre personne, votre conjoint par exemple (biens acquis pendant le mariage, voir page 25, Votre situation matrimoniale) ou vos frères et sœurs (par exemple, les biens reçus de vos parents et restés en indivision).*

➤ Récapituler

Il faut prendre en compte tout ce que l'on possède. Le plus facile est d'en dresser la liste :

- biens immobiliers : résidence principale, logement mis en

* Les termes suivis d'un astérisque sont définis dans le glossaire en fin d'ouvrage, p. 209.

location, maison de famille détenue en indivision avec ses frères et sœurs…
- livrets d'épargne ; livret A, livret pour le développement durable (ex-Codevi)…
- plan d'épargne ; plan d'épargne logement, PEA, Perp…
- contrat(s) d'assurance vie ;
- portefeuille boursier ;
- épargne salariale ; participation d'entreprise, plan d'épargne d'entreprise (PEE), Perco…
- meubles, bijoux, objets et tableaux de valeur…

➤ Évaluer vos biens

Pour évaluer la valeur de vos biens immobiliers, vous pouvez vous référer aux études faites régulièrement par les chambres de notaires. Vous y trouverez, par exemple, les prix moyens de vente, quartier par quartier, dans les grandes villes. Sur Internet, le site www.pap.fr (de Particulier à Particulier) permet de faire en direct une évaluation indicative de son bien. Pour une estimation plus précise, prenez contact avec votre notaire ou adressez-vous à un agent immobilier.

Avec votre banquier et votre assureur, faites le point sur vos placements. C'est l'occasion d'analyser de près leur rentabilité et, si besoin est, de modifier leur répartition (« faire des arbitrages* », dans le langage des banques) dans la perspective de transmettre votre patrimoine. Selon votre âge et vos charges de famille, il faut doser les risques. Par exemple, si vous disposez d'une somme d'argent dont vous êtes sûr de ne pas avoir besoin tout de suite, vous pouvez envisager des placements à la fiscalité et à la rentabilité satisfaisantes sur le long terme, type PEA ou assurance vie.

➤ Décider en conséquence

ATTÉNUER LE MONTANT DES DROITS DE SUCCESSION. C'est le montant du patrimoine transmis qui détermine les droits de succession à payer par les héritiers. La loi du 21 août 2007 (parue au *Journal officiel* du 22 août) supprime les droits de succession entre époux et partenaires de Pacs ; elle augmente aussi considérablement la part d'héritage (désormais de 156 359 €) que l'on peut recevoir de chacun de ses parents sans avoir de droits à payer. Mais la note peut être élevée lorsque l'on transmet des biens à des parents éloignés ou à des personnes avec qui l'on n'a aucun lien de parenté (son concubin…), ou encore lorsque l'on détient un très gros patrimoine. Connaître la valeur de son patrimoine permet de prendre des dispositions pour atténuer le montant des droits ; souscrire une assurance vie, par exemple, ou procéder à différentes donations étalées dans le temps ou à une donation-partage.

DÉTERMINER VOTRE STRATÉGIE. Votre marge de liberté pour disposer de vos biens est aussi fonction de vos héritiers et de la valeur de votre patrimoine.

En effet, on ne peut pas, en principe, déshériter ses enfants. Ils ont droit, de chacun de leurs parents, à une part minimale d'héritage appelée « réserve* » (d'où l'expression « héritiers réservataires »). En l'absence d'enfants, c'est le conjoint qui est réservataire.

Vous pouvez, en revanche, faire ce que vous voulez de la part excédant la réserve, appelée « quotité disponible »* ; avantager un enfant ou votre concubin en lui faisant une donation par exemple.

Les comptes seront faits au moment du décès ; le notaire évaluera alors les biens laissés (déduction faite des dettes), y ajoutera les donations réalisées (pour leur valeur au jour du décès, pour la donation-partage *voir pages 67 et 62*) et fixera la valeur de la réserve.

Si les donations et les legs* entament la part des héritiers réservataires, ceux-ci peuvent demander une réduction* de ces dons et legs pour recevoir ce que leur accorde la loi.

Mieux vaut, donc, connaître la part de votre patrimoine dont vous pouvez disposer librement si vous ne voulez pas que la personne que vous vouliez aider se retrouve à redonner une partie de ce qu'elle a reçu.

N.B. : il est désormais possible de se mettre d'accord en famille pour contourner la règle de la réserve, au moyen d'un « pacte successoral » *(voir page 45)*.

Votre situation matrimoniale

Seul le mariage offre une véritable protection au conjoint survivant ; même si vous n'organisez rien et ne prenez aucune disposition, la loi le protège. Il est assuré de recueillir une part minimum de la succession. En revanche, il faut organiser la protection d'un partenaire de Pacs ou d'un concubin, puisque la loi ne la prévoit pas.

➤ Vous êtes marié : tout dépend du régime

Sous quel régime êtes-vous marié ? C'est du statut de votre

mariage que dépendra, au décès d'un conjoint, une partie des droits de l'époux survivant (et ceux des autres héritiers, notamment les enfants). Schématiquement, les différents régimes matrimoniaux se classent en deux catégories ; les régimes communautaires, qui associent les deux époux pour la constitution et la gestion d'un patrimoine commun ; les régimes séparatistes, qui attribuent à chaque époux un patrimoine personnel qu'il gère de façon indépendante. Si vous n'avez pas signé de contrat de mariage devant notaire (comme près de 90 % des couples français), la loi a décidé pour vous ; si vous vous êtes mariés après 1965, vous êtes automatiquement unis sous le régime de la « communauté réduite aux acquêts » (*voir ci-après*) ; avant, c'est le régime de la « communauté de meubles et acquêts » qui s'applique.

Selon votre situation familiale (mariages successifs avec présence d'enfants des différentes unions, inégalité de patrimoine entre les époux, différences d'âge...) ou professionnelle (salarié/e, profession libérale...), on peut se servir de l'un ou l'autre de ces régimes matrimoniaux pour favoriser son conjoint ou protéger le patrimoine.

La communauté réduite aux acquêts. Son principe est simple ; appartiennent aux deux conjoints tous les biens acquis pendant les années de mariage (appelés « biens communs »), même s'ils ont été achetés avec les économies réalisées par un seul des époux, ainsi que l'ensemble des revenus du couple. Cela englobe les salaires, les pensions de retraite, les indemnités de licenciement et de mise à la retraite... mais aussi les revenus produits par un bien détenu par un seul époux. Par exemple, on considère comme communs les loyers perçus sur un logement appartenant en propre à un seul conjoint.

En revanche, chacun est personnellement propriétaire des biens qu'il possédait avant le mariage, et de ceux qu'il a reçus pendant l'union par donation ou succession ; on les appelle « biens propres ». Il est possible d'en faire dresser la liste par un notaire, afin de préciser qui a apporté quoi au moment du mariage, et éviter ainsi tout litige ultérieur.

Au décès de l'un des époux, la moitié des biens communs revient à l'autre, sans entrer dans la succession. Attention, cette moitié peut être augmentée (ou amputée) d'une éventuelle indemnité due au jeu des « récompenses », si l'un des époux a utilisé une partie de ses biens propres au profit de la communauté. Exemple : un logement acheté pendant le mariage a été rénové grâce à des fonds provenant d'un héritage *(pour en savoir plus, voir page 66)*. Si c'est le défunt qui a ainsi « enrichi » la communauté d'un de ses biens propres, l'indemnité s'impute sur la moitié des biens revenant au conjoint, et elle est réintégrée dans la succession. Si c'est le survivant, elle s'ajoute aux biens qui lui reviennent hors succession.

Hormis ce cas, l'héritage est composé de l'autre moitié des biens communs et des biens personnels du défunt. En l'absence de dispositions particulières, conjoint et enfants auront des droits sur la succession qui varient en fonction du nombre d'enfants du défunt (nés ou non d'une précédente union). Dans tous les cas, le veuf ou la veuve dispose d'un droit sur le logement *(voir page 31)*.

Conseil

Un acte notarié clair...
Faute de preuves, l'argent détenu par l'un des époux avant le mariage et qui aura servi à acheter, ensuite, un logement, risque de tomber dans la communauté. C'est pourquoi l'acte notarié d'achat doit stipuler que l'achat se fait avec des sommes appartenant en propre à l'un des conjoints. La même précaution est à prendre lorsque l'on vend un bien propre pour le réinvestir dans un bien commun. La somme investie personnellement doit apparaître, noir sur blanc, dans l'acte. Cette manière de procéder est connue sous le nom de « clause de remploi* ».

Conseil

Protéger le moins fortuné.
Dans la communauté réduite aux acquêts, l'enrichissement d'un conjoint profite à l'autre. En effet, les biens achetés pendant le mariage appartiennent aux deux époux, même si les acquisitions sont toujours financées par le même. Mais ce régime entraîne aussi une confusion des patrimoines des deux époux susceptible de provoquer des conflits familiaux ; par exemple, s'il y a eu remariage, en présence d'enfants nés d'une précédente union. Il peut donc être déconseillé en cas de remariage tardif. Là encore, c'est à vous de voir. Tout dépend de votre intention : protéger votre conjoint ou préserver vos enfants.

La communauté de meubles et acquêts. Les biens communs sont composés de tous les biens dits « meubles* », c'est-à-dire les objets, les voitures, les tableaux, les actions et obligations, les parts de sociétés, les économies... achetés ou constitués pendant le mariage ; s'y ajoutent les biens meubles reçus par donation, legs ou succession par l'un ou l'autre époux au cours de l'union. Sont aussi considérés communs les immeubles (maison, appartement, terrain...) achetés pendant le mariage par les époux. Tout appartient donc au couple en commun, sauf les biens meubles et immobiliers détenus par chacun d'eux avant le mariage et les biens immobiliers reçus par succession, donation ou legs pendant l'union.

Au décès d'un conjoint, l'autre reçoit la moitié des biens communs du couple. La succession que le veuf ou la veuve devra partager avec les membres de la famille comprendra l'autre moitié, augmentée le cas échéant des propriétés immobilières personnelles du défunt.

La séparation de biens. Sous ce régime, chaque époux a son patrimoine personnel, composé des biens qu'il possédait avant le mariage, et de ceux qu'il acquiert ou reçoit après. Chacun d'eux le gère à sa guise et est responsable de ses dettes. Cela en fait le régime préféré des professions indépendantes, car il protège le conjoint d'une éventuelle faillite. Lorsque des biens sont achetés en commun, ils appartiennent à l'un et à l'autre, suivant des modalités définies dans le contrat d'achat. À défaut, chacun est présumé être propriétaire de la moitié et tous deux se trouvent en indivision.

Au décès de l'un des époux, la succession sera composée de son patrimoine personnel et, le cas échéant, de sa part sur les biens qu'il détient en indivision.

Lorsque les deux conjoints se trouvent dans une situation équivalente en termes de revenus et de patrimoine, le régime de la séparation de biens offre beaucoup d'atouts ; facile à gérer et à liquider, il garantit la paix des familles, notamment en cas de remariage. Il présente cependant un inconvénient lorsqu'il existe une grande disparité de richesses dans le couple. Le conjoint « le plus pauvre » risque de voir son niveau de vie chuter brutalement au moment du décès si rien n'est prévu en sa faveur.

Conseil

Préciser qui paie quoi... En séparation de biens, celui qui peut justifier la propriété l'emporte sur l'autre. D'où l'utilité, lorsque l'on est marié sous ce régime, de faire établir systématiquement des factures, avec son nom dessus. En l'absence de preuves, les biens sont régis par des règles connues sous le nom de « présomption de propriété ». La plupart du temps, les biens sont alors répartis pour moitié entre chaque époux.

Conseil

Pour amortir les chutes de niveau de vie. S'il y a une trop grande disparité de richesses dans le couple, il peut être recommandé d'adoucir la stricte séparation de biens en l'assortissant d'une « société d'acquêts » ; les époux conviennent qu'un ou plusieurs biens sont communs. Si le « conjoint riche » décède en premier, cela évite ainsi à l'autre de voir chuter brutalement son niveau de vie.

La communauté universelle. Les conjoints peuvent décider de mettre en commun tous leurs biens, qu'ils aient été acquis avant ou après le mariage. En contrepartie, leurs dettes éventuelles sont également communes. Seuls demeurent comme biens propres ceux qui présentent un caractère personnel marqué comme les vêtements, ainsi que les dons et legs lorsqu'une clause prévoit expressément leur exclusion de la communauté.

L'objectif de ce régime est, qu'au décès de l'un, le patrimoine existant devienne la propriété de l'autre *(voir page 85)*. La succession n'est même pas ouverte puisque le veuf ou la veuve est d'emblée considéré comme propriétaire de tout, sans avoir à payer de droits, ce qui constituait jusqu'ici l'un des grands atouts de ce régime. Mais avec la suppression des droits de succession entre époux, l'intérêt fiscal de la communauté universelle a disparu.

Au décès du conjoint survivant, l'intégralité du patrimoine est héritée par la famille de celui-ci. Cependant, les enfants légitimes ou naturels du premier conjoint décédé et nés d'une précédente union ont la possibilité de récupérer leur part d'héritage au décès de leur parent (et pendant les trente années qui suivent) en faisant un recours en justice appelé

« action en retranchement* ». Le conjoint survivant récupérera alors la part du patrimoine restant après avoir rendu aux enfants ce qui leur revient, mais ne paiera pas de droits de succession dessus.

> ***Conseil***
> **Tout se donner l'un à l'autre ; oui, mais...** Rarement choisie au moment du mariage, la communauté universelle est adoptée à l'occasion d'un changement de régime matrimonial par des couples âgés sans enfants, ou avec des enfants adultes et autonomes. Elle est à manier avec prudence. En effet, chaque conjoint perd alors le contrôle personnel de son patrimoine et ne peut plus en disposer librement, puisque chacun des deux a son mot à dire sur le sort des biens. Pour faire une donation par exemple, ils doivent être deux. Avec le vieillissement et le risque de dépendance, la situation peut se compliquer et exiger un nouveau conseil du notaire.

Corriger les effets du régime matrimonial. Les époux disposent d'outils juridiques qu'ils peuvent combiner au régime matrimonial pour en atténuer ou en corriger certains effets, notamment pour tenir compte d'une différence d'âge, de revenus, de patrimoine. Par testament ou donation au dernier vivant *(voir page 84)*, par exemple, les époux peuvent s'attribuer une part d'héritage plus grande que celle prévue par la loi dans la limite de la quotité disponible spéciale entre époux *(voir page 42)*, c'est-à-dire sans toucher à la part d'héritage réservée aux enfants.

➤ Vous avez conclu un Pacs

La loi du 23 juin 2006 a instauré la séparation de biens comme régime légal du Pacs mais laisse aux couples pacsés la possibilité d'opter pour l'indivision.

En effet, jusqu'en 2006, ils étaient présumés tout acheter en commun. Si l'un d'eux achetait, par exemple, un appartement, l'autre se retrouvait automatiquement propriétaire de la moitié, sauf précision contraire (dans l'acte d'acquisition, notamment). Cette règle méconnue a suscité beaucoup de mauvaises surprises. Elle a changé pour les Pacs conclus à compter du 1er janvier 2007.

Comme les époux mariés sous un régime de séparation de biens, chaque partenaire est seul propriétaire de ce qu'il a acheté

Changer de régime matrimonial en cours de mariage

Il suffit pour cela, dans la plupart des cas, de passer devant un notaire. Mais le changement de régime n'est possible que sous certaines conditions. Il faut être marié depuis au moins deux ans. Les deux époux doivent demander ce changement d'un commun accord. Leur consentement est recueilli par un notaire et donne lieu à un acte dit « authentique* ». Le changement se fait dans l'intérêt de la famille, c'est-à-dire des époux et des enfants. Il appartient au notaire ou à l'avocat, selon le cas, de vérifier ce dernier point. Ce changement, enfin, ne doit pas avoir pour but d'échapper à des créanciers (en optant pour un régime de séparation, des époux pourraient vouloir protéger les biens de l'un d'eux).

➤ Procédure

Si vous n'avez pas d'enfants (ou si vos enfants sont majeurs et ne s'opposent pas au changement), il suffit de passer un acte chez le notaire. L'acte notarié mentionnera l'état civil respectif des deux époux, le contrat initial et le nouveau régime choisi, avec les éventuels avantages consentis. Les enfants majeurs et les créanciers du couple sont informés du changement. Si aucun d'eux ne fait opposition dans un délai de trois mois, la mention du changement est portée sur l'acte de mariage. Les époux commerçants doivent également informer le greffe du tribunal de commerce. Mais en présence d'enfants mineurs (ou lorsque les enfants majeurs ou les créanciers s'opposent au changement), il est nécessaire de faire homologuer l'acte notarié par le juge du tribunal de grande instance de votre domicile. Il faut pour cela vous adresser à un avocat, afin que celui-ci établisse une requête.

➤ Le coût

Pour une simple procédure devant notaire, ce dernier vous facturera des émoluments pour établissement de l'acte notarié, ainsi que des honoraires de conseils et les frais d'annonce légale.
Le cas échéant, il faut y ajouter le coût de la liquidation de l'ancien régime matrimonial.
Il est appliqué un barème par tranches sur la valeur des biens :

- 2,392 % jusqu'à 6 500 € ;
- 0,9867 % de 6 501 à 17 000 € ;
- 0,6578 % de 17 001 à 30 000 € ;
- 0,49 335 % au-delà de 30 000 €.

Si un des époux apporte un bien immobilier à la communauté, il y aura des émoluments supplémentaires à payer, auxquels il faut ajouter le salaire du conservateur des hypothèques (0,10 % de la valeur du bien) et, en cas d'adoption d'un régime séparatiste, la taxe de publicité foncière de 0,715 %... Bref, mieux vaut faire les comptes avec le notaire au préalable !

➤ À cette liste de frais, si vous avez besoin d'une homologation de l'acte notarié par le tribunal, ajoutez des honoraires d'avocat, librement convenus entre lui et vous.

(sauf si le couple prend d'autres dispositions). Encore faut-il que chaque partenaire puisse prouver, par tout moyen, qu'il a la propriété exclusive d'un bien. S'il n'y parvient pas, le bien est réputé appartenir pour moitié aux deux, en indivision. Pour les Pacs signés avant le 1er janvier 2007, il est possible de bénéficier de ce nouveau régime pour les biens achetés à l'avenir, en déposant une convention modificative au greffe du tribunal d'instance. Pour se transmettre tout ou partie de leurs biens à leur décès, les partenaires de Pacs doivent se faire un testament (si ce n'est pas le cas, ils se trouvent dans la même situation que les concubins). En présence d'enfants, ils ne peuvent se léguer qu'une partie de leurs biens, les enfants devant recevoir une quote-part de l'héritage.

Au décès de l'un, le partenaire qui hérite n'a pas d'impôt à payer sur la part qu'il reçoit. Il bénéficie, en outre, du droit de continuer à vivre pendant un an dans le logement. Et cela, gratuitement ; si le défunt en était propriétaire, en totalité ou en indivision, aucune indemnité d'occupation n'est due aux autres héritiers ; pour un logement en location, les loyers doivent être réglés par les autres héritiers. Un partenaire peut priver l'autre de ce droit sur le logement par testament.

➤ Vous vivez en concubinage

Au regard du droit des successions, les concubins sont des « étrangers » entre eux et n'héritent donc pas l'un de l'autre. Pour assurer la protection de sa compagne ou de son compagnon, il est nécessaire de prendre des dispositions… Mais attention, pas n'importe lesquelles ! Si vous choisissez de faire un testament en sa faveur, sachez que plus de la moitié de la succession sera engloutie dans le paiement des droits. En effet, le concubin survivant devra payer, au fisc, 60 % de ce qu'il reçoit avec seulement un abattement de 1 564 €. Si vous procédez par donation, c'est encore pire ; le taux de 60 % demeure mais il n'y a pas d'abattement.

La signature d'un Pacs améliore la situation à condition de la compléter par un testament. D'autres solutions peuvent être envisagées, notamment la souscription d'un contrat d'assurance vie *(voir page 49)*.

Communauté réduite aux acquêts : faites la différence entre biens propres et biens communs

Biens communs	Biens propres
Biens acquis et économies constituées pendant le mariage (autrement que par donation ou héritage) : meubles, comptes bancaires et livrets d'épargne, même ouverts au nom d'un seul époux…	Les biens possédés avant le mariage. Les biens que chacun des époux reçoit par héritage ou donation.
Les revenus des époux : - salaires, honoraires, droits d'auteur ; - retraites, indemnités journalières en cas de maladie ; - revenus d'un bien qui appartient en propre à l'un des époux : gains d'un portefeuille d'actions appartenant en propre à un conjoint, loyer tiré d'un logement reçu en héritage ; - indemnités de licenciement et de mise à la retraite ; - comptes d'épargne salariale.	Les biens ayant un caractère personnel marqué : - vêtements ; - souvenirs de famille ; - pensions alimentaires et pensions d'invalidité ; - dommages et intérêts réparant un préjudice moral ou physique ; - instruments de travail. Les biens attachés à des biens propres : - constructions faites sur un terrain appartenant à l'un des époux ; - prix de vente d'un bien propre.

À retenir

- Les règles de la succession et de l'héritage ont été en 2006 et 2007 profondément modifiées.
- Si les dispositions que vous avez prises datent d'avant cette grande réforme, reprenez conseil auprès de votre notaire.
- En matière de transmission de patrimoine, il n'existe pas une seule « bonne solution » applicable à tous, pas plus qu'un régime matrimonial idéal de façon universelle, ni de formule à écarter à tout prix. Tout compte : l'importance de son patrimoine, la composition de sa famille, les relations entre les différents membres, le vécu de chacun (divorce, faillite...). En outre, l'imbrication des règles fiscales et civiles de transmission exige que chaque cas fasse l'objet d'une étude personnalisée.
- Avant de prendre une décision importante en matière de donation, ou de changement de régime matrimonial, il est nécessaire de se faire conseiller par un notaire.

Parole d'expert

- Comme le précise Me Jacques Combret, notaire à Rodez : « Les conséquences de l'allongement de l'espérance de vie doivent être intégrées dans toute réflexion avant de prendre une décision en matière de transmission de patrimoine. À titre d'exemple, avant de changer de régime matrimonial, pensez aux conséquences de la perte de capacité intellectuelle d'un époux. Ou bien, avant de trop vous démunir, pensez au coût d'une dépendance longue, surtout si l'époux survivant ne perçoit qu'une retraite de réversion. »

Qui sont les héritiers ?

Lorsque, de son vivant, l'on ne prend aucune décision quant au sort de son patrimoine après son décès, la succession est répartie selon des règles fixées par la loi. Celle-ci établit la liste des héritiers et les hiérarchise. Viennent d'abord les enfants. Ce n'est qu'en l'absence de descendance que les autres membres de la famille peuvent hériter.
Le conjoint a une place particulière ; il hérite dans tous les cas, mais ses droits varient en fonction des autres héritiers en présence.

Ce que dit la loi

La loi classe les héritiers par ordre de priorité, et fixe une hiérarchie dans chaque ordre, selon les degrés de parenté avec le défunt.

➤ Qui a priorité sur qui ?

Les héritiers sont groupés selon quatre ordres hiérarchiques :

- le premier ordre est composé des enfants, petits-enfants, arrière-petits-enfants…
- le deuxième : des pères et mères (appelés « ascendants privilégiés »), des frères et sœurs (appelés « collatéraux privilégiés ») et de leurs descendants (neveux et nièces) ;
- le troisième : des grands-parents et arrière-grands-parents ;
- le quatrième : des oncles et tantes, et des cousins jusqu'au sixième degré *(voir page 29)*.

Les héritiers du premier ordre priment sur ceux du deuxième, et ainsi de suite. Les enfants héritent donc, en priorité, de leurs père et mère. S'il n'y a pas de descendance, les héritiers du deuxième ordre (parents et fratrie) évinceront ceux du troisième.

À l'intérieur de chaque ordre, l'héritier le plus proche en degré est appelé à succéder à l'exclusion des autres, et les héritiers de même degré se partagent la succession à parts égales.

➤ Comment se calculent les degrés de parenté ?

Un degré correspond à une génération : les enfants sont au premier degré par rapport à leurs parents ; les petits-enfants au deuxième degré par rapport à leurs grands-parents ; les arrière-petits-enfants au troisième degré à l'égard de leurs arrière-grands-parents. Et réciproquement : les parents sont au premier degré à l'égard des enfants ; les grands-parents au deuxième degré vis-à-vis de leurs petits-enfants ; les arrière-grands-parents au troisième degré vis-à-vis de leurs arrière-petits-enfants. Dans l'ordre des collatéraux, le mode de calcul est un peu plus compliqué. Ainsi, les frères et sœurs ne sont pas, entre eux, parents au premier degré comme beaucoup le pensent. Ils ne sont, pour la loi, qu'au deuxième degré car il faut remonter au parent que l'on a en commun ; un degré pour aller du frère au défunt et un degré pour aller du défunt à la sœur.

En appliquant cette règle :

- les neveux et nièces sont parents au troisième degré avec leurs oncles et tantes ;
- les cousins germains sont parents entre eux au quatrième degré ; tout comme il y a quatre degrés entre un petit-neveu et son grand-oncle ;
- entre un arrière-petit-neveu et un arrière-grand-oncle, on décompte cinq degrés ;
- entre des cousins issus de germains : six degrés.

Les enfants d'abord

En l'absence de testament, la loi prévoit que les enfants sont prioritaires sur les autres héritiers. Ils écartent tous les autres parents à l'exception du conjoint (voir ci-dessous) et héritent, à parts égales, des biens de leur père et de leur mère.

Exemples de calcul de degrés de parenté

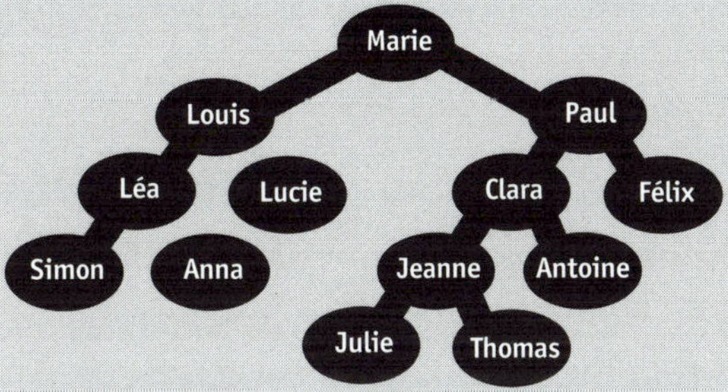

Pour calculer les degrés, il suffit de compter les traits entre chacun.

Exemples :

- parentés au deuxième degré : Léa et sa grand-mère Marie ; Louis et son frère Paul ;
- au troisième degré : Lucie et son oncle Paul ; Jeanne et son arrière-grand-mère Marie ;
- au quatrième degré : les cousins germains entre eux (c'est-à-dire Léa, Lucie et Clara, Félix) ; Jeanne et Antoine avec leur grand-oncle Louis ;
- au cinquième degré : Julie et Thomas avec leur arrière-grand-oncle Louis ;
- au sixième degré : les cousins issus de germains entre eux, c'est-à-dire ; Simon, Anna, Jeanne et Antoine.

➤ Égalité de traitement

Quel que soit leur statut juridique (enfant né d'un mariage, d'un concubinage, enfant adopté), tous les enfants sont traités à égalité et héritent de leurs parents à parts égales (sauf si des dispositions particulières ont été prises). Notez, cependant, que les enfants adoptés héritent de leurs parents adoptifs mais pas de leurs parents biologiques si l'adoption est plénière. Dans ce cas, les liens avec la famille d'origine sont totalement rompus. En revanche, en cas d'adoption simple, les enfants héritent de leurs deux familles.

➤ Le sort des petits-enfants

Les petits-enfants n'héritent pas de leurs grands-parents (ni les arrière-petits-enfants de leurs arrière-grands-parents) sauf si l'ordre naturel des décès a été bouleversé et que l'enfant décède avant son parent. Le petit-enfant hérite alors par représentation* de la part qu'aurait dû recevoir son parent défunt.

Exemple : Louis, célibataire, a deux enfants, Pierre et Paul. Pierre a un fils, Jean, et Paul deux filles, Julie et Agathe. Paul décède en 2000. À la mort de Louis, quelques années après, Pierre reçoit la moitié de la succession, Julie et Agathe se partagent l'autre moitié. Jean ne reçoit rien.
La représentation joue à l'infini, quel que soit le nombre de générations concernées.

Exemple : reprenons le cas précédent, en le modifiant ainsi : Agathe a deux fils, Simon et Rémi. Elle décède avant Louis, son grand-père. À l'ouverture de la succession de ce dernier :

- Pierre (le fils de Louis) reçoit la moitié de la succession ;
- Julie (la fille de Paul) : un quart ;
- Simon : un huitième ;
- Rémi : un huitième.

Seules deux catégories d'héritiers peuvent être représentées par leurs descendants : les enfants du défunt et leurs descendants, et les frères et sœurs du défunt et leurs descendants *(voir page 27)*.

Une place pour le conjoint

Dans tous les cas, le conjoint survivant reçoit une part de la succession du défunt ; mais celle-ci varie selon les héritiers en présence. Plus précisément, ses droits sont fonction de la situation familiale ; présence ou non d'enfants, enfants nés d'une précédente union, présence des parents, des frères et sœurs (voir ci-dessous ; au cas par cas). Mais il existe un droit invariable : celui qu'a le conjoint survivant sur le logement familial. Il peut, en effet, y rester gratuitement au moins pendant douze mois.

➤ Le couple est locataire

Concrètement, les héritiers sont obligés de payer pendant un an le loyer du veuf ou de la veuve – charges et taxe d'habitation restant, en revanche, à sa charge. Au-delà de cette période d'un an, le conjoint survivant doit assumer seul le paiement des loyers. Il peut cependant garder jusqu'à son décès (sauf disposition contraire du défunt, par testament par exemple) l'usage des meubles, à condition d'en faire la demande dans l'année qui suit le décès.

Notez que si les époux étaient locataires de leur résidence principale, le veuf ou la veuve peut rester dans le logement. Le propriétaire ne peut arguer du décès pour récupérer le bien, même si le défunt était le seul à avoir signé le bail (avant le mariage par exemple). En effet, les époux sont toujours considérés comme cotitulaires du bail. Cela vaut aussi pour les partenaires de Pacs.

➤ Le couple est propriétaire

Si la résidence principale appartenait personnellement au défunt ou si les époux la détenaient en commun, le conjoint survivant peut y rester pendant un an, sans avoir à dédommager les héritiers. Il doit cependant payer les charges et la taxe d'habitation. Il peut même bénéficier jusqu'à la fin de sa vie d'un droit d'habitation du logement (et d'usage des meubles) sauf si le défunt en a disposé autrement par testament rédigé devant notaire.

Pour bénéficier de ce droit, le veuf ou la veuve doit en faire la demande dans l'année qui suit le décès de son conjoint. Il devra assumer financièrement les charges, les réparations d'entretien, la taxe d'habitation. Les grosses réparations, ainsi que la taxe foncière, devront être acquittées par le propriétaire, c'est-à-dire, très souvent, par les héritiers (si le logement appartenait en propre au seul défunt).

Si le logement sur lequel porte ce droit d'habitation ne répond plus aux besoins du conjoint survivant, il peut le mettre en location afin d'en tirer un revenu pour financer de nouvelles conditions de logement (frais de maison de retraite par exemple).

Conseil

Liberté limitée.

Si la loi accorde au conjoint survivant un droit sur le logement familial, elle ne lui donne pas toute liberté de mettre le bien en location. Il faut impérativement que le bien en question ne corresponde plus à ses besoins, et que les loyers retirés de la location servent à financer son nouveau logement. Pour donner toute latitude au conjoint, mieux vaut qu'il ait l'usufruit* de la résidence principale. À sa guise, jusqu'à la fin de sa vie, il peut alors l'occuper, ou le louer et faire ce qu'il veut des loyers. On peut lui assurer ce droit, par exemple, avec la donation entre époux ou par testament *(voir page 84)*.

Au cas par cas

En fonction de sa situation familiale, et en l'absence de toute décision concernant sa succession, qui hérite ?

➤ Vous êtes marié avec enfant(s)

Si aucun contrat de mariage n'a été signé devant notaire, la moitié des biens détenus par le couple revient au conjoint survivant. La succession se compose donc de l'autre moitié des biens communs et de la totalité des biens personnels du défunt (c'est-à-dire ceux reçus par donation ou héritage, ou acquis avant le mariage). Dans un régime de séparation de biens sans aucun bien commun, la succession se compose uniquement des biens du défunt *(pour en savoir plus sur les effets du régime matrimonial, voir page 17)*.

Au décès du conjoint, la veuve ou le veuf n'a plus d'impôt à payer sur la part de succession qui lui revient, quelle que soit l'importance de celle-ci. Même chose, dans la plupart des cas, pour un enfant ; il peut hériter jusqu'à 156 357 € de chacun de ses parents sans rien avoir à payer.

En présence d'enfants nés uniquement du mariage, le conjoint survivant a le choix entre hériter de l'usufruit de la totalité des biens compris dans la succession, ou devenir propriétaire du quart de ces biens. Or le propriétaire d'un bien détient sur celui-ci trois prérogatives : s'en servir (*usus** en latin), en tirer des revenus en le louant par exemple (*fructus**, « fruit ») et en disposer librement, c'est-à-dire pouvoir le vendre ou le donner *(abusus*)*.

- Lorsque le conjoint choisit l'usufruit de la totalité de la succession, il détient sur elle les deux premières pièces du puzzle. Ses enfants se retrouvent alors nus-propriétaires*. Ils ont alors l'assurance de détenir plus tard, lorsque l'usufruit disparaîtra (au décès de l'usufruitier) le bien en pleine propriété.

En optant pour l'usufruit, le conjoint peut conserver l'usage de tout ce qu'il possédait avec son conjoint (les biens communs) et des biens propres du défunt, utiliser les revenus produits par les placements, les loyers tirés d'un logement mis en location… Mais il ne peut, seul, décider de vendre un bien (sauf les valeurs mobilières). Pour cela, il lui faut l'accord des autres héritiers.

L'usufruit permet de maintenir partiellement le niveau de vie du conjoint survivant puisque, au-delà de l'éventuelle pension de réversion *(voir page 150)*, il continue de percevoir les revenus des biens communs. En revanche, la solution est peu avantageuse pour les enfants car ils vont, de fait, être privés de tout héritage jusqu'au décès du second parent. Cependant, tous les héritiers peuvent, d'un commun accord (et à condition que leur parent survivant y consente), décider de convertir cet usufruit en rente viagère ou en capital. Les enfants deviennent alors propriétaires des biens de la succession ; en contrepartie, ils versent à leur parent un capital ou une rente jusqu'à la fin de sa vie. À défaut d'accord, cette conversion peut être demandée devant le tribunal de grande instance, mais elle ne pourra pas porter sur l'usufruit de la résidence principale ni sur les meubles qui s'y trouvent.

Si le conjoint opte pour la propriété entière d'un quart de la succession, mis à part le logement familial auquel est réservé un sort particulier *(voir ci-dessus)*, il peut garder des placements, par exemple, et en disposer librement ; laisser fructifier, vendre… ou tout dépenser ! Les enfants se partagent, à parts égales, les trois quarts restants de la succession.

Exemple : un couple a trois enfants. Si le conjoint survivant opte pour un quart de la succession en pleine propriété, chacun des enfants recevra également un quart.

En présence d'enfants nés d'une précédente union, la position du conjoint survivant est plus délicate, car il n'a plus le choix ; il reçoit un quart de la succession en pleine propriété. Tous les enfants du défunt se partagent les trois quarts restants et ne sont donc pas privés de leur part d'héritage jusqu'au décès du conjoint survivant. Revers de la médaille : le veuf ou la veuve est moins bien protégé. Toutefois son sort peut être amélioré par un testament, une donation entre époux ou la transmission d'un capital d'assurance vie *(voir page 95 et suivantes)*.

➤ Vous vivez seul et avez des enfants

Les enfants, quel que soit leur statut juridique (enfants nés du mariage, d'un concubinage, enfants adoptés...), se répartissent la succession de leur parent à parts égales. Deux enfants reçoivent chacun la moitié de l'héritage, trois enfants, chacun un tiers...

➤ Vous êtes marié sans enfant

Si le père et la mère du défunt sont encore vivants, le conjoint reçoit la moitié de la succession, et chacun des parents un quart. Si un seul parent est en vie, il reçoit un quart, et le veuf ou la veuve les trois quarts. Pour protéger les biens de famille, les parents ont un « droit de retour », c'est-à-dire celui de récupérer les biens qu'ils avaient donnés à leurs enfants ; si les biens ont été vendus, ce droit s'exerce sur leur valeur. Attention, le droit de retour ne s'ajoute pas à la part des parents ; il s'impute dessus, sans pouvoir dépasser un quart de la succession pour chacun d'eux.

Exemple : à son décès, Grégoire laisse sa femme Christine et sa mère Jeanne. La succession de Grégoire représente 450 000 €, dont un petit appartement reçu de ses parents, d'une valeur de 110 000 €. Comme il n'avait pris aucune disposition particulière, Jeanne a droit à un quart de la succession, soit 112 500 € ; elle exerce son droit de retour, reprend son bien et reçoit 2 500 € pour compléter son droit. Christine héritera de 337 500 € (450 000 € – 112 500 €).

Lorsque le père et la mère du défunt sont morts, le conjoint hérite de la totalité, mais les frères et sœurs bénéficient d'un droit de retour sur la moitié des biens de famille. Il s'agit des biens (appartement, maison, meubles, bijoux ou tableaux...) que le défunt avait reçus par donation ou succession de son père, de sa mère ou d'un ascendant plus éloigné, et qui se trouvent encore dans la succession. S'ils ont été vendus, ce droit de retour des frères et sœurs ne s'applique pas.

Exemple : Louis décède en laissant son conjoint et sa sœur. Il avait vendu l'appartement hérité de ses parents. La totalité de ses biens va donc à son conjoint.

Face aux oncles, tantes, cousins et cousines du défunt, le conjoint hérite de l'intégralité de la succession.

➤ Vous êtes célibataire sans enfant

Si le défunt ne laisse ni père ni mère, ses frères et sœurs héritent de l'intégralité de la succession, à parts égales. Mais si les parents sont encore en vie, chacun d'eux reçoit un quart de la succession, les frères et sœurs se partagent l'autre moitié. Lorsqu'un seul parent est en vie, il hérite d'un quart, et les frères et sœurs des trois quarts. Les parents bénéficient d'un droit de retour comme lorsqu'ils sont héritiers avec le conjoint du défunt (*voir ci-dessus*).

LES NEVEUX ET NIÈCES HÉRITENT PAR REPRÉSENTATION, lorsque leur propre parent est décédé avant leur oncle ou tante.

Exemple : Marthe et Léon ont trois enfants : Philippe, Carole et Anne. Carole a deux fils (Jules et Lucas) et Anne, deux filles (Sylvie et Agnès). Anne (célibataire) décède en 2000, ses deux filles reçoivent chacune la moitié de la succession. Philippe meurt en 2009. Sa succession se partage de la façon suivante :

- Marthe reçoit un quart de la succession ;
- Léon, un quart ;
- Carole : un quart, mais ses deux fils, rien ;
- Sylvie : un huitième ;
- Agnès : un huitième.

LES GRANDS-PARENTS HÉRITENT quand il n'y a ni enfants, ni parents, ni conjoint, ni frères et sœurs, ni neveux et nièces. La succession est alors divisée par moitié entre la ligne paternelle du défunt et la ligne maternelle ; c'est le principe de la « fente successorale* », qui a pour but de répartir la succession de façon équitable entre les deux familles. Dans chaque ligne, le parent le plus proche en degré du défunt hérite et écarte les autres descendants.

Exemple : si, à son décès, Léon laisse :

- ses deux parents : la succession est partagée entre le père et la mère ;
- son père et ses grands-parents maternels : le père reçoit la moitié de la succession et chacun des grands-parents maternels, un quart ;
- sa grand-mère maternelle et ses arrière-grands-mères maternelle et paternelle : la grand-mère maternelle recevra la moitié de la succession et l'arrière-grand-mère paternelle l'autre moitié.

Mais, lorsque au sein d'une même ligne, aucun ascendant n'est vivant, l'autre ligne hérite en totalité.

➤ Vous vivez en concubinage

Aux termes de la loi, votre compagne ou compagnon n'aura aucun droit sur votre succession. En effet, légalement, les concubins sont considérés comme des étrangers l'un à l'autre, et ils n'héritent pas mutuellement l'un de l'autre.

Un des moyens d'avantager votre compagne ou compagnon est de faire un testament en sa faveur ; le meilleur reste de souscrire un contrat d'assurance vie et de le désigner comme bénéficiaire du capital *(voir pages 87 et 100)*.

➤ Vous avez conclu un Pacs

Si aucune disposition (testament et assurance vie, par exemple) n'est prise en sa faveur, le partenaire de Pacs n'hérite pas de son compagnon ou de sa compagne. Si le partenaire décédé avait des enfants, ceux-ci reçoivent l'intégralité de la succession. Sinon la succession va à ses parents, à ses frères et sœurs ou à des parents plus éloignés. Même s'il ne laisse aucune famille, rien ne revient au partenaire survivant.

S'ils détenaient ensemble des biens, le partenaire survivant se trouve en indivision* avec les héritiers du défunt. Au partage, il peut récupérer sa part (hors succession).

Le partenaire survivant peut demeurer dans le logement du couple et garder l'usage du mobilier pendant un an lorsque cette habitation appartenait au défunt ou aux deux partenaires. Si le logement était en location, les héritiers doivent prendre en charge le montant des loyers pendant un an. Le partenaire survivant peut ne pas bénéficier de ce droit si le défunt l'en avait privé par testament.

➤ Sans famille proche

Envisageons maintenant la situation d'une personne non mariée, sans enfant, ni frère, ni sœur, et dont les parents et grands-parents sont décédés. Ses plus proches parents sont ses oncles, tantes et cousins. En pareille situation, l'héritage est partagé en deux, selon le principe de la « fente successorale* » : une moitié est, en principe, destinée à la lignée de la mère du défunt et l'autre à la lignée du père. Dans chaque branche, c'est le parent le plus proche (en degré) du défunt qui hérite. Si plusieurs héritiers sont de même degré, ils se partagent à parts égales la moitié de la succession.

Exemple : Louis, fils unique, est divorcé. Il n'a pas d'enfant et, au moment de son décès, ses parents et grands-parents sont morts. De la famille de son père, il lui reste une tante et une cousine (Marie et sa fille Lucie). Son oncle et sa tante du côté de sa mère sont décédés. Le premier a un fils, Marc ; la seconde a aussi un fils, Pierre.

La succession de Louis se répartit de la façon suivante :

- côté paternel : Marie, sa tante, parente au 4e degré, reçoit la moitié de l'héritage ; sa fille Lucie, rien, car elle est parente au 5e degré ;
- côté maternel : Marc et Pierre reçoivent chacun un quart de la succession.

S'il n'y a personne dans la lignée paternelle, par exemple, les parents de l'autre lignée reçoivent l'intégralité de la succession.
Si le défunt ne laisse que des parents lointains au-delà du sixième degré, la succession va à l'État. De même, lorsqu'une personne décède sans héritier et sans avoir pris aucune disposition particulière, l'intégralité de sa succession revient à l'État.

Les droits du conjoint survivant (si aucune disposition n'a été prise)

Le défunt laisse	La part du conjoint
Des enfants communs	¼ de la succession en pleine propriété ou la totalité en usufruit
Des enfants nés d'une précédente union	¼ de la succession en pleine propriété
Son père et sa mère (mais pas d'enfant)	½ de la succession en pleine propriété
Seulement son père ou seulement sa mère (mais pas d'enfant)	¾ de la succession en pleine propriété
Des frères et sœurs ou neveux et nièces	Toute la succession sauf la moitié des biens de famille

À retenir

- En matière de succession, la loi prévoit tous les cas de figure.
- Les règles qu'elle pose, et qui s'appliqueront si vous ne prenez aucune disposition particulière, peuvent tout à fait vous convenir, car elles assurent un traitement égalitaire des enfants et une protection du conjoint.
- En revanche, elles méconnaissent certaines situations familiales, comme le concubinage et, dans une certaine mesure, le Pacs.
- Pour un couple avec enfants, la loi ne laisse aucune place, dans la succession des parents, à un autre membre de la famille.
- Le traitement égalitaire des enfants empêche de prendre en compte l'éventuelle vulnérabilité de l'un ou la situation précaire de l'autre.
- Chacun bénéficie d'une grande liberté pour aménager et contourner, en toute légalité, ces règles d'héritage.

Quelle est votre marge de manœuvre ?

Vous avez choisi d'organiser, par avance, votre succession ? Attention, vous n'êtes que partiellement libre de vos choix. Ainsi, vous ne pouvez pas déshériter vos enfants ni, en l'absence de descendance, votre conjoint. Toutefois, depuis le 1er janvier 2007, certains « arrangements de famille » permettent de contourner cette règle – à condition d'avoir l'accord de tous les intéressés. Autant, donc, être bien informé de la façon d'utiliser au mieux votre marge de manœuvre.

Des héritiers protégés par la loi

Certains héritiers ont droit à une part minimale d'héritage, appelée « réserve » – d'où l'expression « héritiers réservataires ». Il s'agit, d'abord, de vos enfants ; vous ne pouvez pas, sans leur accord, les déshériter en les privant de cette part. Ce n'est que si la succession est déficitaire (le défunt laisse des dettes supérieures à la valeur de son patrimoine) ou inexistante (le défunt ne laisse rien…) qu'ils ne reçoivent rien. Si vous n'avez pas d'enfants, votre conjoint devient héritier réservataire. Depuis la loi du 23 juin 2006, les parents ne sont plus réservataires (avant ils héritaient obligatoirement d'une part de succession de leur enfant décédé sans descendant).*

➤ La quotité disponible

De la part qui excède la réserve, appelée « quotité disponible* », vous pouvez disposer librement ; vous pouvez ainsi favoriser, par donation ou testament, l'un de vos enfants, votre concubin ou quelqu'un d'autre (à l'exclusion de certaines personnes ou institutions, *voir page 43*). Toutefois, en pratique, ce n'est pas si simple, car on ne connaît pas d'avance le montant de sa succession, ni celui de la quotité disponible ; ce dernier est fonction de la valeur du patrimoine et de la composition de la famille.

Les « comptes » sont faits au moment du décès. Le notaire évalue les biens laissés par le défunt (déduction faite des dettes) et y ajoute les donations réalisées, estimées pour leur valeur au jour du décès (pour les donations-partages, *voir page 61*). Il obtient ainsi le montant du patrimoine et peut calculer celui de la réserve. Si les donations et les legs faits par le défunt entament la part des héritiers réservataires, ceux-ci peuvent demander à recevoir ce que leur accorde la loi (sauf pacte successoral, *voir page 59*), par le biais d'une « action en réduction* ». Celle-ci implique que les bénéficiaires des donations ou des legs s'en dessaisissent en tout ou partie, afin que les enfants ou le conjoint reçoivent la part d'héritage qui leur revient de droit.

➤ On ne peut déshériter ses enfants

Ils ont droit, sur la succession de chacun de leurs parents, à une part minimale qui varie en fonction du nombre d'enfants du défunt. Avec un enfant, cette part représente la moitié de la succession ; avec deux enfants, les deux tiers ; et avec trois enfants ou plus, les trois quarts.

La part de chacun des héritiers réservataires est calculée en divisant le montant global de la réserve par le nombre d'enfants.

Exemple : Marie, veuve, a cinq enfants. La réserve totale est donc des trois quarts de la succession, à diviser par cinq ; soit 3/20e pour chacun des enfants. Si le patrimoine de Marie est de 400 000 €, chacun de ses enfants a droit à 60 000 €. Et elle peut disposer librement, par donation ou testament, de 100 000 €. Elle aurait plus de latitude avec le pacte successoral *(voir page 45)*.

Pour le calcul de la part de réserve, peu importe que les

enfants soient légitimes ou naturels. Ils sont, aux yeux de la loi, placés sur un pied d'égalité. L'enfant adopté bénéficie, sur la succession de ses parents adoptifs, des mêmes droits que les enfants légitimes.

Si un enfant meurt avant son père ou sa mère, et si cet enfant avait lui-même des enfants, la réserve* est calculée comme s'il était encore vivant. On dit alors que ses enfants héritent par représentation.

Exemple : Jean a eu trois enfants ; Michel, Danièle et Yvon. Celui-ci est mort avant son père en laissant deux enfants, Jules et Jim. Au décès de Jean, la réserve est des trois quarts :

- Michel reçoit un quart de la succession ;
- Danièle, un quart également ;
- Jules et Jim se partagent le troisième quart.

Reste un quart de quotité disponible que Jean pouvait utiliser comme il le souhaitait.

En revanche, lorsqu'un enfant renonce à la succession, il n'est, en principe, pas pris en compte dans le calcul de la réserve.

Exemple : Louis a trois enfants. Comme son fils Pierre renonce à sa part d'héritage, la réserve est égale aux deux tiers de la succession, et non aux trois quarts.

Attention ! Ce principe ne s'applique pas si le fils de Louis renonce pour que ses enfants héritent à sa place ; c'est le « saut de génération » *(voir pages 46 et 127)*.

➤ Quand le conjoint est-il héritier réservataire ?

Lorsque le défunt n'a pas eu d'enfant, son conjoint devient héritier réservataire ; au moins un quart de la succession doit lui revenir.

C'est donc seulement en présence d'enfants qu'un conjoint peut être totalement exclu de la succession par son époux/épouse. Il n'y a qu'un seul droit dont on ne peut le priver ; celui d'habiter le logement familial pendant un an après le décès *(voir page 24)*. Rappelons que, lorsque le défunt n'a pris aucune disposition particulière, et qu'à sa mort ses père et mère sont toujours vivants, chacun de ces derniers a droit à un quart de la succession. Pour transmettre l'ensemble de son patrimoine à son époux/épouse, il faut faire une donation ou rédiger un testament en sa faveur. Cependant, les parents peuvent toujours exercer leur droit de retour, privant le conjoint survivant d'une partie de la succession *(voir page 34)*.

Comme le conseille Me Anne Decorps-Scherbeck, notaire à Lunéville, il est possible de souscrire à son profit une assurance vie qui servira à couvrir l'éventuel droit de retour des parents.

Exemple : Paul et Virginie sont mariés et n'ont aucun enfant en commun. Mais Paul a un fils, Antoine, d'un premier mariage. Paul désire donner le minimum à Antoine et le maximum à son épouse. Antoine recevra donc la moitié de la succession, sa réserve. L'autre moitié, la quotité disponible, reviendra à Virginie.

Par testament, Paul pourrait choisir de faire d'Antoine son unique héritier. À l'inverse, il ne peut faire de Virginie son unique héritière.

Imaginons, cette fois-ci, que Paul n'a pas d'enfant et décède après ses père et mère. S'il n'a pris aucune disposition particulière, Virginie héritera de tout.

➤ Augmenter la quotité disponible au profit du conjoint

Par donation simple ou donation entre époux (dite « au dernier vivant ») ou encore par testament, il est possible de transmettre à son conjoint plus que la classique quotité disponible. Cette quotité disponible dite « spéciale entre époux » varie selon l'existence ou non d'héritiers réservataires et laisse le choix au conjoint survivant entre plusieurs options.

Lorsque l'époux décédé a des enfants, nés de sa dernière union ou d'une précédente, légitimes ou non, le conjoint survivant peut opter entre :

- la quotité ordinaire classique *(voir page 40)* ;
- la totalité de la succession en usufruit ;
- le quart en pleine propriété et les trois quarts en usufruit.

« En revanche, au profit d'un partenaire de Pacs ou d'un concubin on ne peut donner ou léguer que la quotité disponible ordinaire » précise Me Anne Decorps-Scherbeck, notaire à Lunéville.

Conseil

Liberté limitée

En présence uniquement d'enfants communs, donner ou léguer à son conjoint la quotité disponible spéciale entre époux a perdu un peu de son intérêt ; de par la loi, sans avoir à prendre aucune disposition particulière, le conjoint survivant bénéficie de l'usufruit de la totalité des biens.

Mais en présence d'enfants nés d'une précédente union, la quotité disponible spéciale entre époux présente encore de l'intérêt. Elle permet notamment d'assouplir les conditions d'héritage du conjoint *(voir page 99)*.

Conseil

La donation entre époux donne le choix.
« La donation entre époux permet également de choisir le bien sur lequel on va exercer son droit en usufruit et de faire obstacle au droit de retour des frères et sœurs » indique Me Anne Decorps-Scherbeck, notaire à Lunéville. Et d'ajouter : « En cas de remariage et si la composition du patrimoine est connue et ne risque pas d'évoluer, mieux vaut faire un testament plutôt qu'une donation entre époux, car il permettra de limiter les droits du conjoint survivant, notamment en précisant les biens sur lesquels ils porteront. »

Les héritiers non réservataires

Frères, sœurs, neveux, nièces, cousins... ne sont pas réservataires. Si vous n'avez ni conjoint ni enfant, vous pouvez disposer librement de tout votre patrimoine, et faire un testament en faveur d'un ami, par exemple, que vous désignerez comme légataire universel. Aucune de vos décisions ne sera remise en cause.

Des héritiers exclus par la loi

Avec la part qui excède la réserve, vous pouvez favoriser qui vous voulez, à quelques exceptions près. En effet, certaines personnes ne peuvent bénéficier d'un legs en raison de l'influence qu'elles peuvent exercer sur le rédacteur du testament ou le donateur. Il s'agit du médecin traitant (y sont assimilés les membres des médecines parallèles tels que les guérisseurs, magnétiseurs), ainsi que des pharmaciens et professionnels de santé qui ont soigné le défunt pendant sa « dernière maladie ».

La loi interdit également les legs et donations au profit des

La réserve des enfants

Le défunt laisse	La part de réserve	La part de quotité disponbible
1 enfant	La moitié de la succession	La moitié de la succession
2 enfants	Les 2/3 de la succession	1/3 de la succession
3 enfants et plus	Les 3/4 de la succession	1/4 de la succession

Exemple : Marie, veuve, a deux enfants : Julie et Paul. Elle fait une donation à Paul de 65 000 €. À son décès, son patrimoine est évalué à 115 000 € auxquels s'ajoutent les 65 000 € de la donation. C'est donc sur la base de 180 000 € (et non de 115 000 €) que se calculera la part revenant à chacun. La réserve est des 2/3 de 180 000 €, soit 120 000 € ; chacun des enfants peut donc prétendre à 60 000 €. Paul ayant reçu 65 000 €, on lui demandera de restituer 5 000 €.

ministres des cultes (curés, pasteurs...), ainsi que des propriétaires, administrateurs et employés de maisons de retraite.

Enfin, si vous souhaitez faire un legs à une association, vérifiez qu'elle est habilitée à le recevoir, ce qui n'est pas toujours le cas. Seules sont habilitées les associations cultuelles, les unions d'associations familiales agréées, ainsi que les associations reconnues d'utilité publique. Les autres ne peuvent rien recevoir, sauf lorsqu'elles ont comme objet exclusif l'assistance, la bienfaisance, la recherche scientifique ou médicale.

S'arranger en famille

La loi du 23 juin 2006 (en application depuis le 1er janvier 2007) donne une grande liberté pour transmettre son patrimoine et propose des outils juridiques permettant de contourner la règle de la réserve et le principe selon lequel on hérite de ses parents et pas de ses grands-parents.

➤ Le pacte successoral révolutionne l'héritage

Depuis le 1er janvier 2007, il est possible de se mettre d'accord en famille sur l'organisation de sa succession, par le biais du « pacte successoral ». Ce dispositif permet à un héritier réservataire, par exemple un enfant (ou, sans descendance, le conjoint), de renoncer par anticipation, du vivant de son parent, à exercer une action en réduction. Autrement dit, il s'engage à ne pas remettre en cause les donations ou legs consentis par son père ou sa mère et qui pourraient porter atteinte à sa réserve. Toutefois, il ne s'agit pas pour l'héritier de donner carte blanche. Ce pacte fait l'objet d'un acte indiquant nommément à qui profite cette renonciation et le degré de celle-ci. Il est en effet possible de « doser son sacrifice », c'est-à-dire d'abandonner tout ou partie de la réserve, ou seulement un bien déterminé.

IL N'EST PAS POSSIBLE DE REVENIR SUR CETTE DÉCISION (à trois exceptions près, *voir ci-après*). La procédure est donc entourée d'un formalisme rigoureux. L'acte est signé par l'héritier en présence de deux notaires, dont l'un est désigné par le président de la Chambre des notaires, pour garantir sa neutralité par rapport à la famille. Le pacte ne prend effet qu'une fois accepté par la personne de qui vous auriez dû hériter (votre père ou votre mère).

Exemple :

– Marie a deux enfants, Jacques et Jean, qui a lui-même une fille, Blandine. Marie désire léguer la moitié de ses biens à Blandine. Pour favoriser sa fille, Jean signe un pacte successoral. Ainsi au décès de Marie, Jacques recevra la moitié de la succession, Blandine l'autre moitié, et Jean, rien.

– Pierre a trois enfants. L'un d'eux est handicapé. Pour garantir son avenir, il désire lui faire la donation d'un appartement qui, mis en location, lui assurera un revenu régulier. Mais la valeur de ce bien représente plus de la moitié de son patrimoine. Ses deux autres enfants se trouvent ainsi privés d'une part de leur réserve. En signant un pacte successoral, tous deux s'engagent à ne pas remettre en cause la donation.

Conseil

Ne pas le conclure trop tôt…

La signature d'un pacte successoral est lourde de conséquences ; elle consiste, en pratique, à accepter d'être déshérité en tout ou partie. Au moment du décès, celui qui renonce ne peut demander au juge de revenir sur sa décision que dans trois cas limités : s'il est dans le besoin ; si le défunt n'a pas rempli son obligation alimentaire ou si le bénéficiaire du pacte s'est rendu coupable d'un crime ou d'un délit à son encontre. Mieux vaut ne pas conclure un pacte successoral trop tôt ; en effet, si l'environnement familial et économique a beaucoup changé entre le moment de la signature du pacte et celui de l'ouverture de la succession, l'héritier réservataire peut regretter son acte.

➤ La donation-partage étendue

En droit français, on hérite de ses parents mais pas de ses grands-parents (sauf par représentation si le parent est décédé). Mais depuis le 1er janvier 2007, on peut opérer des sauts de générations ; avec un pacte successoral *(voir ci-dessus)*, mais aussi avec un partage anticipé de la succession, ou « donation-partage » ou en renonçant à la succession *(voir page 166)*. Jusqu'en 2006, seuls les parents pouvaient utiliser cet outil juridique pour répartir tout ou partie de leur patrimoine entre leurs enfants ou certains d'entre eux. Depuis 2007, son utilisation s'est étendue, notamment aux grands-parents. Ils peuvent s'en servir pour répartir leurs biens entre leurs enfants et petits-enfants, ou même faire un saut de génération et transmettre directement leur patrimoine à leurs petits-enfants, évinçant ainsi leurs enfants, héritiers réservataires. L'opération n'est cependant possible que si un double consentement figure dans l'acte de donation-partage : les enfants du donateur doivent accepter que leur propre descendance reçoive tout ou partie de la donation à leur place, les petits-enfants que leurs parents renoncent à leur profit.

Exemple : Jacques a trois enfants, Pierre (lui-même père de deux filles, Léa et Camille), Paul (qui a un fils, Luc) et Marie. Jacques procède à une donation-partage sur une partie de son patrimoine, qui représente 75 000 € à répartir en trois parts égales (25 000 €).

- Pierre « passe son tour » au profit de Léa et Camille, qui recevront chacune 12 500 € ;
- Paul ne renonce qu'à la moitié de la donation au profit de Luc ; 12 500 € reviennent à chacun ;
- Marie reçoit 25 000 €.

Au décès du donateur, on vérifiera que chaque « souche* » (c'est-à-dire chaque enfant du défunt avec sa descendance) a reçu la part de réserve qui lui revient.

La donation-partage peut, également depuis 2007, être utilisée dans les familles recomposées et par des personnes sans descendance à l'égard de leurs frères, sœurs, neveux et nièces à condition qu'ils soient héritiers présomptifs* *(voir page 83).*

La donation-partage présente l'immense avantage d'éviter les litiges au moment de la succession. À certaines conditions *(voir page 69 et suivantes)*, elle fige la valeur du patrimoine donné à la date de la donation-partage ; cette valeur ne sera donc pas actualisée au moment de calculer si chacun des héritiers réservataires a reçu la part minimale que lui accorde la loi. Alors que pour une donation ordinaire, la valeur du bien retenue est celle du jour du décès.

Peut-on déshériter un proche ?

Sauf arrangement en famille, vous ne pouvez déshériter vos enfants ni, à défaut de descendance, votre conjoint. Mais si vous voulez vraiment qu'ils ne recueillent rien à votre décès, vous pouvez faire en sorte que la succession soit inexistante ; c'est-à-dire qu'il n'y ait aucun bien susceptible d'être attribué. Attention, faire don de tous ses biens à la personne de son choix n'est pas la solution. En effet, au moment de l'ouverture de la succession, les héritiers réservataires peuvent revendiquer, sur le montant de cette donation, la part dont ils ne peuvent être privés.

De fait, le plus efficace pour priver un proche d'héritage est de dilapider la totalité de son patrimoine ! Aucune loi ne peut, en effet, empêcher quiconque de dépenser ainsi son argent. Autre moyen : vendre ses biens en viager, par exemple sa résidence principale. Par ce biais, le prix du bien ne vous est pas versé en une seule fois comme dans une vente classique, mais sous forme de rente viagère (une rente versée jusqu'à la fin de vos jours). On peut opérer de façon similaire avec un capital. Si, par exemple, au fil du temps, vous vous êtes constitué un capital sur un contrat d'assurance vie, vous pouvez choisir qu'il vous soit reversé sous forme de rentes. Dans l'un et l'autre cas, c'est un moyen de se garantir un revenu à vie.

➤ Vous constituez une rente à partir d'un capital

Lorsque vous souscrivez un contrat d'assurance vie par exemple, vous indiquez le nom du ou des bénéficiaires qui recevraient l'argent épargné si vous veniez à mourir (*voir page 87*). Si vous décidez d'utiliser ce moyen pour transmettre de l'argent à un proche, vous laisserez cette épargne fructifier, sans y toucher.

MAIS VOUS POUVEZ AUSSI ÉPARGNER POUR VOUS-MÊME. Une fois que vous avez laissé écouler au moins les huit ans « réglementaires » pour obtenir une fiscalité avantageuse, la plupart des contrats vous laissent le choix entre récupérer votre capital ou le convertir en rente ; vous renoncez à toucher le capital, mais recevez une rente viagère jusqu'à la fin de vos jours. À votre décès, personne ne pourra prétendre au capital, et la rente cessera d'être versée sauf si vous avez prévu une réversibilité*. La rente sera alors versée à une autre personne que vous aurez désignée dans le contrat (votre conjoint ou concubin par exemple, mais aussi toute autre personne de votre choix).

LE MONTANT DE VOTRE RENTE EST FONCTION DU CAPITAL ACCUMULÉ, de votre espérance de vie théorique au moment où vous commencez à percevoir la rente, mais aussi des options du contrat. Par exemple, la réversibilité de la rente fait baisser fortement le montant à encaisser, puisque l'assureur prend le risque de la verser plus longtemps.

➤ Une rente à partir d'un viager immobilier

Il s'agit, dans ce cas, de vendre un bien immobilier, le plus souvent sa résidence principale, et d'en recevoir une partie du prix au moment de la vente (on parle de bouquet) et le reste sous forme de rentes viagères. Vous pouvez vendre ainsi votre logement, tout en continuant à y vivre ; on parle alors de viager « occupé ».

Conseil

Le droit d'usufruit. Prévoyez, dans le contrat de vente, un droit d'usufruit (et non un droit d'habitation). Grâce à cela, vous pourrez habiter le logement tant que vous le souhaitez, puis le louer (et donc en tirer des revenus) si vous voulez, par exemple, aller vivre ensuite en maison de retraite.

La rente versée est déterminée en prenant en compte : la valeur du bien (à laquelle s'applique une décote si le vendeur en garde l'usufruit ou le droit de l'habiter) ; le montant du bouquet ; l'espérance de vie du vendeur ; le taux du rendement du bien, évalué à partir du montant du loyer qui serait perçu si le bien était loué.

Hors succession : le contrat d'assurance vie

L'assurance vie offre un cocktail d'avantages précieux ; c'est un placement, mais aussi un moyen d'organiser la transmission de son patrimoine. Il s'agit d'épargner ou de placer un capital qui va fructifier. Au terme du contrat, en général déterminé librement par le souscripteur, celui-ci a le choix entre récupérer le capital augmenté des intérêts ou opter pour une rente viagère *(voir page 48)*. En cas de décès, c'est le bénéficiaire qu'il a désigné au contrat qui reçoit le tout. Si le bénéficiaire est le conjoint ou le partenaire de Pacs ou encore le frère ou la sœur sous certaines conditions, le capital est reçu en franchise d'impôt, quel que soit son montant. Mais via l'assurance vie, on peut transmettre un capital à d'autres bénéficiaires (par exemple un concubin), en minimisant, voire supprimant, les droits à payer *(voir page 111)*.

Le choix du bénéficiaire

Vous avez toute liberté pour désigner le bénéficiaire du contrat. Il peut s'agir de votre conjoint, concubin ou partenaire de Pacs, d'un enfant, ou de toute autre personne avec qui vous n'avez pas de lien de parenté. L'assureur propose des clauses toutes faites, en général bien rédigées, du moins dans les contrats récents. Elles désignent le plus souvent « le conjoint non séparé de corps du souscripteur, à défaut ses enfants nés ou à naître, vivants ou représentés, par parts égales ; à défaut, les héritiers ou ayants droit du souscripteur ». Vous avez toute latitude pour la rédiger autrement et même vous faire conseiller par votre notaire.

Combien pouvez-vous transmettre par l'intermédiaire de l'assurance vie ? Il n'y a pas de limite. Mais si vous gratifiez ainsi des personnes qui ne font pas partie de vos héritiers réservataires, vous devez veiller à ne pas investir sur le contrat des sommes disproportionnées par rapport à vos revenus ou votre patrimoine. Sinon, les héritiers réservataires lésés pourraient demander au juge de corriger cet abus.

Conseil

Clause à revoir ? Si vous avez souscrit un contrat, vérifiez le libellé de la clause et corrigez-le si c'est nécessaire.

Organiser la transmission

Si possible, précisez à l'assureur les coordonnées du ou des bénéficiaires. Quoi qu'il en soit, les assureurs ont l'obligation de rechercher et d'informer les bénéficiaires (même si le contrat ne comporte pas leurs coordonnées). Pour les y aider, ils ont accès au registre des décès de l'Insee pour vérifier la situation des souscripteurs et des bénéficiaires.

Le souscripteur doit-il, de son côté, annoncer aux bénéficiaires qu'il les a choisis ? Une mesure récente les incite à les informer, alors que beaucoup rechignaient à le faire. Jusqu'ici, en effet, si le bénéficiaire acceptait l'assurance vie du vivant du souscripteur, son acceptation devenait irrévocable. Celui qui avait signé le contrat et placé son argent ne pouvait plus, en principe, en disposer librement. Désormais, l'acceptation ne peut bloquer le contrat que si elle est établie par un avenant signé entre le bénéficiaire, le souscripteur et l'assureur, ou encore par un accord écrit, réalisé notamment devant notaire.

À retenir

- Les enfants héritent automatiquement de leurs parents. Si le défunt n'a pas d'enfant, c'est son conjoint qui a des droits sur la succession. Une part de votre patrimoine, appelée « réserve », leur revient donc obligatoirement ; vous ne pouvez pas les déshériter.
- Une fois enlevée la réserve, vous pouvez faire ce que vous voulez de ce qui reste (la « quotité disponible ») : favoriser un enfant, protéger votre concubin, donner à un ami... Vous pouvez même augmenter cette part de quotité disponible, par testament ou donation, si le bénéficiaire est votre conjoint.
- Ces règles peuvent être contournées si la famille se met d'accord pour procéder autrement, via le pacte successoral ou la donation-partage. Des enfants peuvent alors renoncer à tout ou partie de leur héritage, au profit, par exemple, d'un frère ou d'une sœur, ou de leur descendance.

TRANSMETTRE SON PATRIMOINE

Avec l'allongement de la vie, les enfants héritent de plus en plus tard de leurs parents ; le plus souvent passé cinquante ans. C'est-à-dire à un moment où ils ont généralement moins besoin d'aide, alors qu'un petit coup de pouce serait bien nécessaire à la génération suivante, au début de l'âge adulte ! Prenant acte de cette donnée démographique et sociologique, les pouvoirs publics encouragent les donations en ligne directe, notamment sous forme de sommes d'argent ; ils multiplient les possibilités de transmettre à ses enfants et petits-enfants sans avoir de droits à payer au fisc. Le pouvoir d'achat des plus jeunes s'en trouve dopé, et l'épargne des seniors, plus mobile. Il est donc tentant de saisir ces opportunités pour aider ses proches. D'autant que d'autres formes de donations, récemment créées ou aménagées, permettent des opérations plus sophistiquées ; par exemple, le partage de tout ou partie de ses biens entre ses héritiers, la protection d'un enfant handicapé... La prudence reste néanmoins de mise, car les donations sont définitives et vous ne pouvez pas, en principe, revenir dessus. Pas question, donc, de trop vous démunir de votre vivant ! Utilisez plutôt, en complément, ces précieux outils de transmission que sont le testament ou l'assurance vie…

Comment donner de son vivant ?

La donation, c'est le moyen d'aider vos proches aujourd'hui, et de réduire les frais de succession futurs. Mais vous ne pouvez donner sans compter à qui vous voulez. Vous devez respecter la part d'héritage à laquelle vos héritiers réservataires ont droit.
À défaut, les donations que vous avez consenties pourraient être remises en cause, en tout ou partie. Devez-vous forcément vous adresser à un notaire ? Pas toujours. Pourtant, une donation notariée présente des avantages non négligeables.

Que pouvez-vous donner, à qui ?

La donation est l'acte par lequel une personne (le donateur*) se dessaisit immédiatement d'un bien ou d'une somme d'argent au profit d'une autre personne (le donataire*). À condition que celle-ci en soit d'accord ; car il est impossible de donner un bien à quelqu'un contre son gré. S'il s'agit d'un enfant mineur, le consentement de son père ou de sa mère est nécessaire (ou, le cas échéant, de son tuteur).*

De son côté, le donateur doit être majeur et sain d'esprit. Une personne placée sous tutelle ne peut, sans autorisation, prendre une telle décision. Certaines personnes n'ont pas le droit d'accepter vos dons, notamment votre médecin traitant et le personnel de la maison de retraite.

➤ L'effet immédiat de la donation

Le bien donné ne vous appartient plus dès que vous l'avez remis au donataire de la main à la main (sur le don manuel, *voir page 66*) ou dès que vous signez l'acte de donation chez le notaire. Seules les donations entre époux (dites « au dernier vivant ») ne prennent effet qu'au décès d'un conjoint (*voir page 84*).

VOUS NE POUVEZ DONNER QUE CE QUE VOUS POSSÉDEZ. Pas question de faire la donation d'un bien futur ; par exemple, un élément du patrimoine de vos parents dont vous hériterez à leur décès. La seule donation possible de « biens à venir » est entre époux, puisqu'elle ne se réalise qu'au décès d'un conjoint.

VOUS POUVEZ DONNER UN BIEN MAIS EN CONSERVER L'USUFRUIT*, c'est-à-dire le droit de l'utiliser et d'en encaisser les revenus votre vie durant (un appartement mis en location, par exemple). Le donataire ne reçoit alors que la nue-propriété* du bien ; il ne peut ni le vendre, ni le donner. En revanche, il doit assumer la charge des gros travaux. L'avantage de la donation de la nue-propriété n'est donc pas immédiat. Pourtant, le montage ne manque pas d'intérêt. En effet, le donataire ne paiera de droits de donation que sur la valeur de la nue-propriété, laquelle est bien inférieure à la valeur totale du bien concerné *(voir page 202)*. En outre, au décès du donateur, il recevra l'usufruit sans droits supplémentaires à payer et deviendra propriétaire à part entière.

> ***Conseil***
> **Ne pas se démunir de tout.** Trop de générosité peut mettre dans l'embarras. L'allongement de la vie fait augmenter les risques de dépendance. Or, en pareil cas, les dépenses à engager sont lourdes. Mieux vaut donc ne pas se démunir de tout et prévoir de quoi faire face à ces difficultés.

➤ Donation sous condition

Vous pouvez assortir la donation d'une obligation à la charge du bénéficiaire (on parle aussi de « donation avec charge »), à condition que celle-ci soit raisonnable. Par exemple, vous donnez de l'argent à un enfant, mais vous craignez qu'il ne le gaspille ; vous pouvez exiger qu'il l'investisse dans l'achat d'un logement ou le place sur un contrat d'assurance vie. C'est ce que l'on appelle la « clause de remploi* ». Vous pouvez aussi lui interdire de revendre ce logement sans votre accord pendant un temps donné ;

ou, s'il est encore très jeune, de faire des retraits importants sur le contrat d'assurance vie avant d'avoir 20 ou 25 ans. Il s'agit alors d'une « clause d'interdiction d'aliéner ». Pour être valable, l'interdiction doit être temporaire et motivée.

Vous pouvez, dans l'acte de donation réalisé devant notaire, prévoir un droit de retour conventionnel. Grâce à cette clause, si le bénéficiaire (et/ou ses descendants) décède avant vous, le bien donné réintégrera votre patrimoine sans droits de succession à régler. Le bien reste ainsi dans votre famille et échappe au conjoint du défunt. Il est également possible de prévoir une « interdiction d'apport à une communauté ». Vous pouvez utiliser cette clause si vous désirez que le bénéficiaire conserve le don comme bien personnel et, s'il se marie, ne puisse pas l'intégrer aux biens communs, notamment s'il adopte un régime de communauté universelle.

➤ Une décision irrévocable

Donner, c'est donner. Sauf pour la donation entre époux *(voir page 84)*, il sera quasiment impossible de revenir en arrière, même si un jour vous êtes confronté à des difficultés financières. Seuls trois motifs, de nature exceptionnelle, peuvent justifier la révocation de la donation.

Premier motif admis de révocation : le donateur, qui n'avait pas d'enfant au moment de la donation, en a un (ou en adopte un) après. Si la donation est postérieure au 31 décembre 2006, la révocation est possible à deux conditions. L'acte de donation le prévoit expressément et le donateur en fait la demande en justice dans les cinq ans suivant la naissance ou l'adoption de ce premier enfant. Pour les donations antérieures à 2007, la règle est toute différente : la naissance (ou l'adoption) d'un enfant entraîne la révocation automatique du don. Si le donateur veut maintenir celui-ci, il doit recommencer la donation. Sinon, le donataire doit restituer la somme ou le bien concerné ; s'il ne le fait pas, le donateur peut le revendiquer pendant trente ans après la naissance ou l'adoption.

Deuxième motif : l'« ingratitude » du bénéficiaire. Attention, le mot est à prendre selon les termes du code civil, qui n'ont pas grand-chose à voir avec le sens habituel ! En effet, est considéré comme « ingrat » le donataire qui a attenté à la vie du donateur, s'est rendu coupable envers lui de sévices, délits ou injures graves, ou lui a refusé de l'aide dans une situation économique difficile (« refus de secours alimentaire »). Cette révocation n'est pas automatique ; il faut saisir la justice, qui appréciera la gravité de l'ingratitude des donataires.

En pratique, les tribunaux font preuve d'une grande tolérance à leur égard. Ainsi, un père a demandé la révocation d'une donation à son fils en invoquant les violences que celui-ci lui avait fait subir ; les juges la lui ont refusée, au motif que le contexte familial était extrêmement conflictuel.

Troisième et dernier motif : la donation était sous condition, et le bénéficiaire ne remplit pas ses obligations. Là encore, la révocation n'est pas automatique et doit être demandée en justice. Le juge appréciera si les charges imposées n'étaient pas trop lourdes ou inexécutables.

➤ Les limites de la générosité

À qui pouvez-vous donner ?

À qui vous voulez : vos enfants, vos petits-enfants, vos arrière-petits-enfants, votre conjoint, partenaire de Pacs ou toute autre personne étrangère à la famille... Cependant, en fonction de votre lien de parenté avec le bénéficiaire, votre liberté va être plus ou moins grande.

Rappelons que votre générosité est limitée en présence d'héritiers réservataires (vos enfants et, si vous n'en avez pas, votre conjoint, *voir page 39*). Vous ne pouvez disposer librement que de la quotité disponible (part qui excède la réserve) ; si vous la dépassez, vos héritiers réservataires risquent de remettre vos donations en cause en demandant leur réduction* au moment du décès (*voir pages 60 et 171*). Cela dit, sauf si vous en décidez autrement, les donations à vos enfants s'imputent sur leur réserve ; ils reçoivent en quelque sorte par avance leur part minimale d'héritage. Cela ne modifie donc pas la part de vos biens dont vous disposez librement et que vous pouvez notamment laisser à votre conjoint, partenaire de Pacs ou concubin. En revanche, si vous désirez favoriser un de vos enfants au-delà de sa réserve, ce surplus s'imputera sur la quotité disponible.

Si vous désirez pouvoir disposer par donation d'une part de patrimoine supérieure à la quotité disponible, il faut signer en famille un pacte successoral. Ainsi, vos héritiers réservataires s'engageront à ne pas remettre en cause les donations qui morcellent leur part *(voir page 45)*.

Conseil

Gare aux querelles d'héritiers !
Une donation n'est jamais anodine et peut susciter des dissensions entre vos héritiers réservataires. Si vous désirez avantager l'un d'eux, veillez à ce que le « cadeau » n'entame pas la part de réserve de vos autres enfants.

Les donations d'aujourd'hui pèsent sur l'héritage de demain

Au moment de l'ouverture de la succession, le notaire reconstitue le patrimoine du défunt en tenant compte des donations passées. À cette occasion, un donataire peut avoir une mauvaise surprise ; devoir rendre tout ou partie de ce qu'il a reçu ou, s'il fait partie des héritiers, recevoir une part de succession moins importante que les autres.

La reconstitution du patrimoine avec réintégration des donations passées intervient donc dans deux cas :

- *le défunt laisse au moins un héritier réservataire (ses enfants ou, à défaut, son conjoint). Il s'agit de vérifier si les donations faites n'entament pas la part d'héritage qui lui revient de droit ;*
- *le défunt laisse au moins deux héritiers, et l'un d'eux a reçu une donation ; la prise en compte de la donation vise à assurer une égalité de traitement entre les héritiers.*

➤ Établir la réserve : prise en compte des dons et des legs

Pour évaluer la réserve* et la quotité disponible*, le notaire reconstitue ainsi le patrimoine du défunt :

- il évalue les biens du défunt, y ajoute les legs* et les biens transmis au conjoint (donation entre époux). La valeur retenue est celle atteinte au jour du décès (*voir ci-dessous*) ;
- il en soustrait les dettes et les frais consécutifs au décès ;
- le résultat obtenu est augmenté de la valeur, au jour du décès, de toutes les donations consenties par le défunt, quels qu'en soient le bénéficiaire et l'ancienneté *(voir page 55)*. On retranche cependant de cette

valeur les plus ou moins-values imputables au donataire *(voir page 64).*

À partir de ce patrimoine reconstitué, le notaire établit le montant de la réserve et celle de la quotité disponible. Si les donations se révèlent supérieures à la quotité disponible, les héritiers réservataires peuvent en demander la réduction, après avoir accepté la succession. La donation la plus récente est alors réduite, si nécessaire en totalité. Si ce n'est pas suffisant pour reconstituer la réserve, l'avant-dernière donation sera touchée, ainsi de suite. En présence de legs et de donations, les legs sont réduits en premier.

Exemple : Jean a deux enfants, Marc et Luc. À son décès, son patrimoine se compose d'une maison valant 240 000 € et de 50 000 € de placements. Les dettes déductibles représentent 10 000 €. Il a donné à sa concubine un appartement évalué à 160 000 € au moment du décès. Son patrimoine reconstitué représente donc 440 000 € (240 000 € + 50 000 € – 10 000 € + 160 000 €). La réserve des enfants est des deux tiers soit 293 333 €, et la quotité disponible de 146 667 € (440 000 € – 293 333 €). Marc et Luc pourront demander une réduction de 13 333 € (160 000 € – 146 667 €) de la donation faite à la concubine.

➤ Le rapport, pour l'égalité entre les héritiers

En droit français, on est censé vouloir traiter ses héritiers à égalité. Si l'un d'eux a reçu une donation, celle-ci est présumée constituer une avance sur l'héritage futur. Elle doit donc être « rapportée » à la succession ; sa valeur est ajoutée aux biens laissés par le défunt pour reconstituer la totalité des biens à partager.

Cette opération de rapport* permet de vérifier si l'héritier n'a pas reçu plus que ce à quoi il a droit. Dans le langage juridique, ces donations étaient autrefois dites « en avance d'hoirie ». On parle aujourd'hui de donations « rapportables » ou « en avancement de part successorale ».

Exemple : Jules meurt en laissant 4 enfants : Jacques, Marie, Claire et Benoît. Il avait fait à Claire, en avance sur sa part d'héritage, une donation estimée à 60 000 €. Le patrimoine de Jules (déduction faite des dettes) représente 180 000 € auxquels on va rapporter (ajouter) les 60 000 € déjà donnés à Claire. Les quatre enfants doivent donc se

partager 240 000 € (180 000 € + 60 000 €), soit chacun 60 000 € (240 000 €/4). Claire ne recevra rien, puisqu'elle a déjà eu cette somme en donation.
Si Jules avait donné 80 000 € à Claire, la valeur de la succession à se partager serait de 260 000 €. Chaque héritier devrait recevoir 65 000 €. Claire devrait donc rembourser 15 000 € (80 000 € – 65 000 €) à ses frères et sœur.

Le don manuel, comme n'importe quelle donation, est présumé être une avance sur la succession. Sa valeur est donc rapportable. En pratique, comme il est souvent fait discrètement (sans acte écrit), il échappe fréquemment au rapport.

Mais on peut souhaiter avantager un héritier. Dans ce cas, la donation ne s'impute pas sur la part d'héritage mais vient en plus. Il faut alors insérer une clause dans l'acte de donation, précisant que cette dernière est faite « hors part successorale* » (avant la loi du 23 juin 2006, on parlait de « donation préciputaire » ou « par préciput et hors part »). Il y a tout de même une restriction : au moment de l'ouverture de la succession, il faudra vérifier que le droit des héritiers réservataires a bien été respecté.

Exemple : Xavier meurt en laissant deux fils, Claude et Olivier. Souhaitant avantager Claude, il lui avait fait une donation de 35 000 €, précisant dans l'acte passé devant notaire que cette somme lui était attribuée en plus de sa part d'héritage. Claude et Olivier étant réservataires, il faut vérifier à l'ouverture de la succession que les 35 000 € ne dépassent pas la quotité disponible. La succession est estimée à 55 000 €, auxquels s'ajoutent les 35 000 € reçus par Claude, soit 90 000 €. La part de réserve des deux garçons est des deux tiers (30 000 € chacun) et la quotité disponible de 30 000 € (90 000 € – 60 000 €). Claude a reçu une donation supérieure de 5 000 € à la quotité disponible. Il la conservera mais recevra seulement 25 000 € de réserve (30 000 € – 5 000 €).

Certaines donations sont non rapportables. Ne sont jamais rapportées à la succession les donations-partages à certaines conditions *(voir page 67)*, les présents d'usage *(voir page 64)*.

➤ À quelle date apprécier la valeur d'une donation ?

Il peut s'écouler de nombreuses années entre la donation et la succession ; il est donc à peu près certain que la valeur de la donation aura évolué. Autre possibilité : le bénéficiaire de la donation peut ne plus être propriétaire du bien. Il faut donc réactualiser la valeur des biens ou des sommes d'argent donnés.

Vous pouvez prévoir dans l'acte de donation la valeur que le bien donné prendra pour l'application de la règle du rapport. Vous pouvez choisir, par exemple, de geler cette valeur au jour de la donation ou encore (pour un appartement ou une maison) de faire évoluer cette valeur selon l'indice du coût de la construction. À défaut de précision, la loi s'applique. Or, elle précise que l'on retient la valeur du bien au moment du partage* de la succession, d'après son état à l'époque de la donation.

Exemple : Vous avez reçu un appartement en donation. Si vous avez investi beaucoup d'argent pour l'améliorer, la plus-value que vous avez apportée sera retirée de sa valeur au jour du partage. Mais si le bien s'est déprécié du fait d'un mauvais entretien, la moins-value qui en résulte ne sera pas prise en compte.

En revanche, les plus-values et moins-values imputables à des causes extérieures (la hausse du marché de l'immobilier pour un logement par exemple) comptent.

Pour un don en argent, c'est le montant de la somme donnée qui est retenu. Si l'argent a servi à acheter un logement ou à constituer un placement financier, on retient la valeur de celui-ci au jour du partage. S'il a été dépensé en biens de consommation qui se déprécient rapidement (voiture, matériel informatique, hi-fi...), on garde comme référence le montant initial de la donation.

Exemple : Louise a deux enfants : Stéphanie et Violette. La même année, elle donne 30 000 € à chacune d'elles. Stéphanie se constitue un portefeuille de valeurs mobilières qui, dix ans après, au partage de la succession de Louise, sont évaluées à 60 000 €. Violette a utilisé l'argent pour s'installer et s'équiper en meubles et appareils électroménagers.

Le patrimoine de Louise, à son décès, est estimé à 240 000 €. Stéphanie et Violette pensent en recevoir chacune la moitié, soit 120 000 €. Or il faut reconstituer le patrimoine en y rapportant les donations : 240 000 € + 60 000 € (de Stéphanie) + 30 000 € (de Violette), soit 330 000 €. Le partage s'établit donc à 165 000 € pour Violette et la même chose pour Stéphanie. Cette dernière est censée avoir reçu 60 000 €. Sa part d'héritage ne sera donc que de 105 000 € (165 000 € – 60 000 €). Celle de Violette sera de 135 000 € (165 000 € – 30 000 €).

Si le bien donné a été vendu, on retient sa valeur au jour de la vente. Mais si le prix qui en a été tiré a servi à financer un nouveau bien, on retient la valeur de ce dernier au jour du partage. Si le produit de la vente a été investi dans des biens de consommation, on prend en compte la valeur du bien au moment où il a servi à financer ces achats.

Ces mêmes règles s'appliquent pour le calcul du montant de la réserve lors de la reconstitution du patrimoine, sauf que l'on retient la valeur des donations au jour du décès et non au jour du partage.

Le rapport de la nue-propriété. Au décès d'un père ou une mère qui avait fait la donation de la nue-propriété d'un bien à un de ses enfants et s'était gardé l'usufruit, l'application de la règle du rapport au moment de la reconstitution du patrimoine se fait sur la base de la valeur du bien comme si le bénéficiaire de la donation en était pleinement propriétaire.

Jamais sans mon notaire... ou presque

Sauf dans le cas du don manuel *(voir page 66)*, la donation doit obligatoirement être établie par un notaire dans un acte écrit, dit « acte authentique* ». Ce formalisme présente bien des avantages. Il vous permet d'obtenir les conseils du professionnel, garantit la validité de l'acte (la donation ne sera pas contestable) et sa date, ce qui est important fiscalement. En contrepartie, la procédure coûte relativement cher, puisqu'il vous faut payer des honoraires de notaire en plus des éventuels droits au fisc.

Choisir la bonne formule

Pour transmettre un bien de votre vivant, plusieurs options s'offrent à vous. Comment choisir la mieux adaptée au bien transmis et à vos objectifs ? Pour répondre à cette question, il est nécessaire de considérer les intérêts familiaux et les aspects fiscaux. Ces derniers jouent pour les plus fortunés mais aussi pour ceux qui veulent consentir une donation à une personne étrangère à la famille ou à un lointain parent. En effet, il faut savoir que le bénéficiaire d'une donation doit, en principe, payer des droits au fisc sur ce qu'il reçoit. Ceux-ci sont calculés sur la valeur de la donation, après application d'un abattement dont le montant varie en fonction du lien de parenté qui existe entre celui qui donne et celui qui reçoit.*

Pour la plupart des donations en ligne directe, il n'y a en pratique presque jamais de droits à payer (voir encadré page 72) grâce à des abattements qui, en outre, se reconstituent tous les six ans. Le concubin, lui, ne bénéficie d'aucun abattement et voit la donation qu'il reçoit taxée au taux de 60 %. Il faut donc choisir une autre solution pour le protéger.*

➤ Le présent d'usage

Il faut d'abord distinguer la donation du simple cadeau (le « présent d'usage* » en langage juridique) dont on ne tient pas compte au moment de la succession et sur lequel on ne paie pas de droits au fisc. Or la frontière entre donation et présent d'usage est floue.

Un cadeau sera considéré comme un présent d'usage s'il est fait à certaines occasions (Noël, anniversaire, mariage...) et que sa valeur est modique par rapport à vos revenus ou votre patrimoine. Ainsi, un chèque de 5 000 € à un jeune qui vient de décrocher son bac peut être considéré comme un simple cadeau dans une famille fortunée et comme une donation dans un foyer modeste.

➤ Un don d'argent jusqu'à 31 272 €

Vous pouvez donner jusqu'à 31 272 € à chacun de vos enfants, petits-enfants ou, à défaut de descendance, à chaque neveu et nièce (s'ils sont les enfants de vos frères et sœurs) sans droits à payer au fisc. L'opération est tentante, mais elle demande réflexion car elle a des implications sur la transmission de votre patrimoine. Si le bénéficiaire est l'un de vos enfants, il faut déterminer si la donation est une part d'héritage donnée en avance ou si elle vient en plus. Si la somme d'argent est destinée à un petit-enfant, elle devra, en principe, s'imputer sur la quotité disponible *(voir page 40)*.

Pour bénéficier de cette mesure, le donateur doit avoir moins de 65 ans à la date du don et celui qui le reçoit au moins 18 ans. Difficile, donc, d'en profiter entre grands-parents et petits-enfants, sauf à avoir été grand-père à 47 ans.

Le don doit prendre obligatoirement la forme d'une somme d'argent. Vous pouvez le faire en plusieurs fois jusqu'à concurrence de 31 272 €. Ensuite, il ne sera plus possible de renouveler l'opération. Si vous donnez plus, le surplus sera taxable après l'application de l'abattement *(voir page 72)*.

Le don peut être réalisé devant notaire ou non. En l'absence d'acte notarié, il doit être déclaré par son bénéficiaire, dans le mois qui suit, au service des impôts de son domicile (sinon c'est le notaire qui s'en charge) sur un formulaire fiscal officiel (référence n°2731). Si plusieurs dons successifs sont consentis, chacun doit faire l'objet d'une déclaration.

Pour aider à la création d'entreprise

Les dons d'argent à un descendant (ou, à défaut, un neveu ou une nièce), consentis entre le 1er janvier 2006 et le 31 décembre 2010, sont exonérés de droits de donation à hauteur de 30 000 €, à condition que la somme soit affectée, dans les deux ans, à la reprise ou à la création d'une entreprise. Le bénéficiaire devra exercer son activité principale dans l'entreprise pendant les cinq ans suivant l'utilisation des sommes.

➤ La donation simple

C'est le moyen le plus facile d'éviter tout problème. Obligatoirement établie devant notaire, elle peut être utilisée en faveur d'un héritier en avance ou en plus de sa part de succession. Si le bénéficiaire est étranger à la famille, en présence d'héritiers réservataires, la donation ne doit pas dépasser la quotité disponible *(voir page 40)*.

➤ Le don manuel, sans formalité

Ne pas passer devant un notaire, éviter le coût d'un acte écrit et peut-être ne pas payer de droits au fisc... il est tentant de recourir au « don manuel* » ! Comme son nom l'indique, il consiste à remettre, de la main à la main, un bien qui peut être donné physiquement (objet, bijoux, somme d'argent...) sans accomplir les formalités propres aux donations. C'est simple et discret... Sauf que, sans trace, il n'existe aucune preuve de vos intentions, ce qui risque de soulever des conflits familiaux.

Exemple : Louis donne 25 000 € de la main à la main à son fils Charles. Pour lui, il ne s'agit pas d'une avance sur la succession, mais d'une donation en plus. Les sœurs de Charles découvrent le don à la mort de leur père, et soutiennent que les 25 000 € étaient une avance et doivent donc s'imputer sur la part de réserve de Charles. Faute de preuve contraire, la donation est présumée en avance sur la part d'héritage. Une donation notariée aurait évité cet écueil.

Sur le plan fiscal, le don manuel est taxé suivant le même barème que les autres donations, avec les mêmes réductions et abattements *(voir page 72)*. Il est taxable dans le mois suivant le jour où il est porté à la connaissance de l'administration ou découvert par celle-ci. Le donataire peut, en effet, le déclarer spontanément, à tout moment, au centre des impôts dont il dépend, en remplissant un formulaire spécifique (n° 2735). À défaut, le don peut être révélé au fisc, dans le cadre d'un contrôle fiscal par exemple.

L'exemple classique est celui de l'achat d'un logement ; interrogé sur l'origine des fonds ayant servi à cette acquisition, le donataire peut avoir intérêt à déclarer le don pour éviter d'être accusé d'avoir dissimulé des revenus. Il n'y a pas alors de pénalités à régler, mais avoir tardé à déclarer le don peut être préjudiciable ; il est en effet soumis aux droits de donation pour sa valeur au moment où l'administration fiscale l'a découvert et non pour sa valeur initiale (sauf s'il s'agit d'une somme d'argent, toujours retenue pour son montant nominal).

Exemple : vous avez donné à votre petit-fils un portefeuille de valeurs mobilières d'une valeur de 30 000 € en 2005. Ces titres valent 45 000 €

en 2009 ; les frais fiscaux seront calculés sur la base de 45 000 €, après application de l'abattement de 31 272 € propre aux donations entre grands-parents et petits-enfants.

En outre, pour profiter du droit à abattement tous les six ans, mieux vaut déclarer le don au fisc le plus tôt possible, puisque ce délai court à compter de la déclaration et non du jour de la donation. Il est vrai qu'aujourd'hui le niveau des abattements étant élevé (156 359 € pour une donation au profit d'un enfant, auxquels peuvent s'ajouter les 31 272 € de don en argent), la plupart des parents peuvent faire des donations à leurs enfants en franchise d'impôt sans se préoccuper de la règle des six ans.

Lors de la succession, le don manuel est pris en compte (s'il est connu...) pour reconstituer le patrimoine du défunt, et calculer la part des héritiers réservataires et la quotité disponible. Si le donataire est aussi l'un de vos héritiers, il sera censé l'avoir reçu en avance sur sa part d'héritage, sauf précision contraire de votre part (dans un testament par exemple). Le don manuel sera retenu pour sa valeur au décès pour le calcul de la réserve, et au jour du partage pour le rapport *(voir page 66)*.

➤ La donation-partage

Elle permet de donner et de répartir tout ou partie de son patrimoine de son vivant. La loi du 23 juin 2006 a élargi son champ d'application, pour prendre en compte l'allongement de la durée de la vie, le nombre toujours plus important de familles recomposées et la situation des personnes sans enfant.

Depuis le 1er janvier 2007, les grands-parents peuvent l'utiliser pour répartir des biens entre leurs enfants, petits-enfants et arrière-petits-enfants ou faire un saut de génération et transmettre directement leur patrimoine à leurs petits-enfants *(voir page 127)*. Ils peuvent même faire une donation-partage entre leur enfant unique et les petits-enfants. Quand il y a un saut de génération, les droits de donation sont calculés en fonction du lien de parenté entre le grand-parent donateur et le petit-enfant bénéficiaire.

Les personnes sans descendance et dont les parents sont morts ont la faculté de faire une donation-partage au profit de leurs frères et sœurs, neveux et nièces.

Ce mode de transmission peut être utilisé dans les familles recomposées. Il s'agit pour le couple d'effectuer une seule donation-partage au profit de tous leurs enfants, qu'ils soient communs ou nés d'une précédente union *(voir page 117)*. Dernière possibilité : la donation-partage peut être utilisée pour répartir ses biens professionnels entre les personnes de sa famille et des personnes étrangères (les salariés de l'entreprise par exemple). La donation-partage peut concerner un seul héritier et plusieurs « étrangers » ou, inversement, plusieurs héritiers et un « étranger » à la famille.

La donation-partage ne peut porter que sur des biens possédés au jour de la donation. Elle peut concerner tout le patrimoine ou seulement certains biens. Comme les autres donations, elle doit être établie par un acte notarié, elle est irréversible et entraîne le transfert immédiat de la propriété des biens donnés.

Les biens qui ne sont pas compris dans la donation-partage seront attribués au moment de la succession selon les règles habituelles de transmission.

La donation-partage permet de régler sa succession par avance. Le donateur fixe les lots, ce qui lui permet d'assurer une meilleure répartition de ses biens en tenant compte des goûts, des aptitudes et des besoins de chacun. Ce partage est définitif et ne pourra être remis en cause lors de l'ouverture de la succession, sauf dans le cas où un héritier réservataire demanderait une réduction de la donation car il n'a pas reçu sa part de réserve. Ainsi, pour qu'il n'y ait pas de contestation possible sur la donation-partage au moment de la succession, il faut que le partage concerne tous les enfants (ou tous les enfants et les petits-enfants ; *voir page 117*). Lorsque la donation-partage se fait entre les enfants, chacun doit recevoir un lot dont la valeur est au moins égale à sa part de réserve ; cela facilite le calcul de la réserve. Si ces conditions sont réunies, la donation-partage ne pourra être remise en cause au moment de l'ouverture de la succession. Mais si un enfant refuse de s'associer à la donation, il faut veiller à conserver suffisamment de biens pour constituer sa part d'héritage.

Pour le calcul de la réserve, les biens compris dans la donation-partage sont évalués au jour même de la donation. C'est un élément fort pour la paix des familles, car il est possible de traiter à égalité ses enfants sans que cette égalité soit rompue au jour du décès en fonction de l'évolution de la valeur du bien donné. Si un parent donne une même somme d'argent à chacun de ses enfants dans une donation-partage, c'est le montant initial de cette somme qui sera retenu, sans tenir compte de son utilisation, pour savoir si chacun a reçu sa part de réserve. Toutefois, dans deux cas on se réfère à la valeur de la donation-partage au jour du décès pour déterminer la réserve :

- lorsqu'un enfant n'a pas reçu de lot ou ne l'a pas accepté ;
- lorsque le donateur a donné la nue-propriété d'une somme d'argent et s'en est réservé l'usufruit.

Cependant, le risque existe à partager ses biens de façon irréversible. C'est pourquoi il ne faut pas prendre la décision trop tôt et éviter de faire une donation-partage lorsque sa situation (ou celle des bénéficiaires) n'est pas stable ; il est souhaitable que l'avenir des uns et des autres soit plus ou moins établi. Il importe aussi de minimiser le risque en ne donnant pas tout ; des biens peuvent être exclus de la donation, ou le donateur peut se conserver la jouissance des biens en ne donnant que la nue-propriété *(voir page 71)*.

➤ Une donation en deux temps

Dans l'acte de donation, vous pouvez prévoir qu'au décès du premier bénéficiaire, le bien donné sera transmis à une deuxième personne que vous désignerez. Ce dispositif peut être utilisé en famille ou au profit de personnes avec qui l'on n'a aucun lien de parenté. Ce type de donation peut revêtir deux formes : la donation graduelle (qui ne peut s'appliquer que sur la quotité disponible) et la donation résiduelle.

La donation graduelle. Des parents fortunés peuvent, par exemple, faire la donation d'une maison de famille à leur enfant aîné ; celui-ci devra conserver le bien, qui sera transmis ensuite à ses propres enfants. On ne peut imposer à ces derniers un troisième niveau de bénéficiaires. Le bien donné doit donc toujours exister au décès du premier bénéficiaire. S'il s'agit d'un portefeuille de valeurs mobilières, les titres peuvent être vendus, mais le produit de la cession devra être réinvesti, car le premier bénéficiaire ne peut percevoir et dis-

poser librement que des dividendes et des intérêts.
Pour être valable, une donation graduelle doit être passée devant notaire et être acceptée par le premier bénéficiaire et le second.

> ***Conseil***
> **Attention, donation contraignante !**
> Cette donation peut s'utiliser pour s'assurer qu'un bien ne sorte pas de la famille. Mais elle est à manipuler avec précaution. En effet, le bien doit rester obligatoirement dans le patrimoine. Or cela peut constituer une lourde charge financière pour le bénéficiaire, qui ne peut ni le vendre, ni le donner, ni s'en servir comme garantie pour obtenir un prêt, par exemple.

La donation résiduelle. Le premier bénéficiaire de la donation n'a pas l'obligation de conserver le bien reçu, mais il a la charge de transmettre ce qu'il en reste à un deuxième bénéficiaire désigné par le donateur. Il peut vendre le bien, et le deuxième bénéficiaire n'a alors aucun droit ni sur le prix obtenu, ni sur le bien éventuellement acquis avec cet argent.

> ***Conseil***
> **Une solution pour l'avenir d'un enfant handicapé.** Pour garantir un logement à un de leurs enfants en situation de handicap, par exemple, les parents peuvent, avec une donation résiduelle, lui donner un appartement et désigner les frères et sœurs comme deuxièmes bénéficiaires. Si la personne handicapée venait à ne plus pouvoir entretenir le bien, elle pourrait le vendre.

Calcul des droits. Les droits de donation dus par le premier bénéficiaire sont calculés en fonction du lien qu'il a avec le donateur. Il en va de même pour le second, et les droits qu'il a à payer sont diminués de ceux acquittés lors de la première transmission.

Exemple : Jean donne une maison à son épouse, à charge pour elle d'en faire la donation à Lucie, une fille qu'il a eue d'un premier mariage. Lorsque Lucie recevra le bien, les droits de donation qu'elle aura à payer seront calculés comme si elle recevait ce bien de son père (et non de sa belle-mère), et diminués de ceux réglés par sa belle-mère.

➤ La donation avec réserve d'usufruit

Vous êtes libre de garder pour vous l'usufruit du bien donné, que vous optiez pour une donation simple ou une donation-partage. Vous continuez à profiter ainsi du bien (l'occuper, percevoir les loyers s'il s'agit d'un logement, toucher les intérêts d'un placement financier). Cela allège, si besoin est, les droits de donation à régler car ils seront calculés sur la seule valeur de la nue-propriété *(voir barème page 196)*.

Vous pouvez en profiter pour protéger votre conjoint. En effet, lors de la donation, vous êtes libre de décider que, à votre décès, votre usufruit lui reviendra et qu'il en profitera jusqu'à son décès.

L'usufruit a néanmoins des limites. Ainsi, dans le cas d'un logement, vous devez continuer à en financer l'entretien ; le nu-propriétaire est chargé des grosses réparations, ce qui peut se révéler très lourd si le logement est en mauvais état (mais il est possible de prévoir une autre répartition dans la donation).

En outre, vous ne disposez plus librement du bien. Impossible, par exemple, de le vendre sans l'accord du nu-propriétaire. Attention : si celui-ci donne son accord, vous ne pouvez pas l'obliger à réinvestir dans un nouveau bien dont vous détiendrez à nouveau l'usufruit. Il peut exiger que l'argent de la vente soit réparti entre vous, au prorata de la valeur de votre usufruit. Enfin, si votre objectif est de donner un coup de pouce à un enfant qui démarre dans la vie, l'aide sera virtuelle car il ne pourra pas profiter librement du bien donné.

L'impact de la fiscalité des donations

Les droits sont calculés, une fois pour toutes, sur la valeur du bien au jour de la donation ou sur la part reçue par chaque donataire lorsqu'il s'agit d'une donation-partage. Lorsque la donation est consentie par les deux parents sur des biens communs, on considère qu'ils sont donnés par eux à parts égales. Enfin, si le donateur conserve l'usufruit et ne donne que la nue-propriété, l'impôt ne porte que sur la valeur de cette dernière, calculée en fonction de l'âge de l'usufruitier et selon un barème *(voir page 196)*. Sur le montant de la donation ainsi évalué, on retranche un abattement variant en fonction du lien de parenté entre le donateur et le donataire. Une donation qui ne dépasse pas le montant de l'abattement est donc exonérée de droits à condition qu'il n'y ait pas eu d'autre donation dans les six années précédentes. Sur la part de la donation qui excède l'abattement, on applique un barème *(voir pages 195 à 200)*.

Le montant des abattements

Pour une donation entre parents et enfants, l'abattement est de 156 359 €. Ainsi, tous les six ans, un père et une mère peuvent donner 156 359 € chacun, à chacun de leurs enfants, sans droit à payer. Chaque enfant peut donc recevoir 312 718 € de ses parents tous les six ans... Autant dire que les donations au profit des enfants se feront la plupart du temps en franchise d'impôt (sauf, éventuellement, lorsqu'elles portent sur un bien immobilier), surtout que l'on peut y ajouter le don d'argent exonéré dans la limite de 31 272 € *(voir page 64)*.

L'abattement passe à 31 272 € entre grands-parents et petits-enfants, à 79 222 € entre époux ou partenaires de Pacs, à 15 636 € entre frères et sœurs, à 7 818 € entre neveux et nièces (sur le don d'argent au profit des neveux et nièces, *voir page 64*). Une donation consentie à toute autre personne, notamment à son concubin, ne bénéficie d'aucun abattement. Elle est taxée à 60 % !

Le montant des abattements est revalorisé chaque année au 1er janvier. Les chiffres indiqués ci-dessus sont établis pour 2009.

Le calcul des droits

Un barème d'imposition *(voir pages 195 à 200)* est appliqué sur la part taxable de la donation. Une réduction pour famille nombreuse est accordée aux bénéficiaires de donations ayant trois enfants ou plus (comme en matière de droits de succession ; *voir page 192*). Une autre réduction spécifique aux donations s'applique lorsque le donateur est âgé de moins de 80 ans. Cette réduction, exprimée en pourcentage, varie selon que la donation porte sur la nue-propriété d'un bien, l'usufruit, ou la propriété entière *(voir le tableau page 201)*.

Qui paie les droits ?

En principe, le bénéficiaire de la donation. Mais ils peuvent être acquittés par le donateur sans que le fisc considère cela comme une donation supplémentaire.

À retenir

- Avec la donation, vous pouvez aider vos proches de votre vivant.
- Une donation n'est pas un acte anodin, car elle entraîne des conséquences définitives pour votre patrimoine ; dès que vous avez donné, le bien concerné ne vous appartient plus. Vous ne pouvez que très exceptionnellement revenir dessus.
- Elle a aussi des répercussions sur la succession. On peut donner ce que l'on veut à condition de ne pas entamer la part qui revient aux héritiers réservataires (sauf pacte successoral). Pour le vérifier, le notaire reconstitue le patrimoine du défunt ; il ajoute à ses biens toutes les donations qu'il a consenties. S'il a été trop généreux, les héritiers réservataires peuvent demander une réduction de la donation au bénéficiaire.
- On tient compte aussi des donations reçues par les seuls héritiers du défunt, pour s'assurer que tous ont été traités à égalité. Ainsi, si un parent veut avantager l'un de ses enfants, il doit le préciser dans l'acte de donation.
- Il existe différentes sortes de donations, à choisir en fonction de ses objectifs. Pour aider ses enfants à égalité, la donation-partage est souvent la plus adaptée. Il faut aussi tenir compte des droits à payer au fisc. Mais la plupart des donations en ligne directe sont désormais pratiquement exonérées d'impôt.

Organiser votre succession

Le testament permet d'organiser le partage de ses biens sans s'en dessaisir. C'est un bon moyen d'assurer une certaine paix dans la famille au moment de la succession, tout en privilégiant, éventuellement, l'un ou l'autre de ses héritiers. Il peut aussi être utilisé pour garantir l'avenir d'un proche non-héritier, un concubin par exemple. Mais dans ce cas, il ne constitue pas la meilleure des solutions d'un point de vue fiscal, car les droits de succession entameront largement la valeur du legs. Mieux vaut alors s'orienter vers l'assurance vie, qui permet de transmettre à son décès une somme d'argent peu ou pas taxée.

Comment rédiger son testament

Le testament est l'acte juridique à la fois le plus facile et le plus difficile à faire. Le plus facile dans sa forme, car il suffit qu'il soit écrit, daté et signé de votre main, sans aucune autre formalité ; la présence du notaire n'est donc pas obligatoire pour l'établir. Mais c'est aussi le plus difficile, car il doit répondre à des règles juridiques précises pour être exécuté sans problème ni risquer d'être mis en cause après le décès.*

➤ Qu'est-ce qu'un testament ?

Selon le code civil « c'est un acte par lequel le testateur [celui qui fait le testament] dispose, pour le temps où il n'existera plus, de tout ou partie de ses biens, et qu'il peut révoquer [modifier ou annuler] ». Attribuer un bien par testament, c'est faire un legs* – d'où l'appellation de « légataire » pour le bénéficiaire. À la différence d'une donation, le testament ne prend effet qu'au décès, et sur les biens qui existent à ce moment-là. Il offre donc la possibilité de prévoir le partage de son patrimoine sans pour autant s'en dessaisir immédiatement. Il est même indispensable dans certains cas : par exemple pour faire hériter le partenaire de Pacs ou laisser un bien à une personne qui, autrement, ne fait pas partie des héritiers.

Le testament permet aussi d'attribuer des biens précis à chacun de ses enfants. L'avantage est d'éviter ainsi l'indivision*, source potentielle de soucis, voire de conflits, entre les héritiers. Une condition : que chaque lot soit de même valeur. Mais le testament ne sert pas seulement à organiser la répartition des biens. Il peut contenir d'autres mentions totalement étrangères au patrimoine : organisation des obsèques (volonté de se faire incinérer par exemple), don d'organe, désignation d'un tuteur pour un enfant mineur…

➤ Qui peut faire un testament ?

Toute personne d'au moins 16 ans, saine d'esprit. Si le rédacteur du testament n'était pas en possession de tous ses moyens intellectuels au moment où il l'a écrit, les héritiers mécontents peuvent demander l'annulation du testament en justice. Ilsl'obtiendront à condition de prouver une altération importante des facultés de discernement du testateur.

Notez qu'entre 16 et 18 ans, il n'est pas possible de disposer par testament de la totalité de ses biens, mais seulement de la moitié.

➤ Les trois formes de testament

Pour assurer la validité d'un testament, il est impératif de respecter des règles de forme très rigides ; il doit être écrit et établi par une seule personne. Ainsi, un testament oral (enregistré sur un support audio ou vidéo) n'a aucune valeur, même s'il est fait en présence de deux témoins. Il est aussi impossible de faire un testament collectif dans lequel, par exemple, mari et femme organisent leur succession. Le non-respect de ces règles de forme entraîne la nullité pure et simple du testament.

Pour rédiger un testament, trois possibilités sont offertes.

Le testament olographe*, de la main du testateur. C'est le plus simple et le moins cher ; mais il exige de faire très attention pour éviter toute erreur. Il doit être obligatoirement et entièrement rédigé, signé et très clairement daté (jour, mois et année de rédaction) de la main du testateur. Sinon, il est déclaré nul. Pas question, donc, de le dater avec un tampon, ni de le taper sur un ordinateur ou une machine à écrire. Dans le cas où la date serait illisible, incomplète ou incorrecte, les héritiers peuvent s'adresser au tribunal de grande instance ; le juge recherchera, dans le testament lui-même, d'éventuelles indications permettant de le dater. Si ces recherches sont vaines, le testament est considéré comme sans date, et donc non valable.

Si l'on a besoin de plusieurs feuilles, il faut prendre le soin de numéroter chacune d'entre elles en précisant dessous le nombre total de pages rédigées ; ne pas oublier d'apposer sa signature (ou son paraphe) et la date sur chaque page.

Le testament doit être écrit par l'intéressé lui-même. Il ne lui est donc pas possible de le dicter. Il peut toutefois se faire aider par un tiers ; le testament est alors dit « à main guidée ». Il doit remplir deux conditions pour être valable : l'écriture du testateur doit être reconnaissable (l'aide doit lui tenir la main mais pas écrire à sa place) et le document doit exprimer sa volonté (pas celle de l'aide…).

En cas de litige, tout sera affaire de preuves ! Cette pratique n'est pas à conseiller. Si le testateur ne peut plus écrire, mieux vaut opter pour le testament authentique* (*voir ci-dessous*).

Ces conditions mises à part, toute liberté est laissée à chacun pour le choix de la rédaction, du papier, des termes employés. Les tribunaux ont ainsi admis la validité de testaments pour le moins originaux : un écrit au dos d'une enveloppe, un autre sur une carte postale, d'autres encore gravés sur un mur ou écrits au couteau sur du bois, sans oublier… le testament écrit avec le sang du testateur !

Le risque du testament olographe est une rédaction ambiguë (source de conflits entre héritiers) ou l'emploi de termes constituant une cause de nullité *(voir page 76).*

Conseil

Faire simple et précis. Utilisez du papier et un stylo dont l'encre est indélébile. Rédigez en termes clairs, dénués d'ambiguïtés, afin d'éviter les disputes entre héritiers. Écrivez par exemple : « Je lègue tel bien à X... » et non « J'aimerais que X reçoive tel bien », qui exprime un simple vœu paraissant laisser une marge de manœuvre aux héritiers. Il est souvent judicieux de demander conseil à un notaire avant de rédiger, pour connaître les termes exacts à employer.

Autre souci lié au testament olographe : sa conservation. Il peut être égaré, involontairement détruit, voire subtilisé par ceux qui y auraient intérêt. Plus simplement, il se peut aussi que les héritiers ne le retrouvent pas, s'ils n'ont pas été informés de son existence.

Il est donc prudent de ne pas le garder chez soi, mais de le confier à un notaire, qui en assurera la conservation. Cette précaution n'entame en rien le secret des dispositions prises. Si on le désire, l'existence du testament (mais pas son contenu) pourra être mentionnée au Fichier central des dispositions des dernières volontés *(voir page 79)*.

Le testament olographe n'entraîne, en principe, que peu de frais immédiats, les honoraires notariés de garde et d'ouverture n'étant perçus qu'au moment du décès.

LE TESTAMENT AUTHENTIQUE, PAR ET CHEZ LE NOTAIRE. C'est un acte public fait devant un notaire en présence de deux témoins (ou, moins fréquemment, devant deux notaires). Pour le choix des témoins, sachez qu'il n'est pas possible de recourir aux légataires eux-mêmes, ni à leurs parents ou alliés jusqu'au quatrième degré inclus *(voir page 29)*. En outre, le mari et la femme ne peuvent être témoins dans le même acte.

Le notaire rédige l'acte sur les indications du testateur. Il n'est pas tenu de reproduire mot à mot ce qui est dit ; il suffit que la rédaction du testament corresponde exactement à la volonté de son auteur.

Le testament sera lu en présence de deux témoins, et signé de la main du testateur devant ceux-ci et le notaire. S'il ne peut être signé, le notaire devra indiquer dans l'acte cet élément et en donner la raison. Le testament est ensuite signé par les témoins et le notaire, puis archivé à l'étude de ce dernier, ce qui évite les risques de perte ou de destruction.

Le testament authentique est un acte notarié ; ni sa date, ni son contenu ne peuvent, en principe, être contestés, contrairement au testament olographe qui, même s'il est déposé chez le notaire, demeure un acte privé. Les procès engagés pour interpréter la volonté de celui qui a fait le testament sont donc peu fréquents.

Par ailleurs, étant rédigé avec le conseil d'un notaire, il n'y a pas à craindre qu'il contienne des dispositions nulles ou inopportunes. Enfin, il peut être fait par des personnes qui ne peuvent écrire en raison, par exemple, d'un handicap.

Outre la procédure un peu compliquée, le testament authentique a un inconvénient qui peut rebuter ; le fait que plusieurs personnes soient au courant de son contenu ; car si le notaire est tenu au secret professionnel, il n'en est pas de même pour les témoins.

Faire un acte authentique devant notaire coûte environ 150 €. Dans certains cas, les frais peuvent être plus élevés ; si le document exige un nombre important de pages, ou si le notaire doit se déplacer.

LE TESTAMENT « MYSTIQUE* » ; CLOS, CACHETÉ, SCELLÉ. Ce testament tient son nom de son caractère secret, caché, mystérieux. Les formalités compliquées nécessaires pour l'établir font qu'il est assez peu utilisé de nos jours. Le testateur écrit lui-même ses dernières volontés et les signe. Le testament est ensuite présenté clos, cacheté et scellé devant notaire et deux témoins. Son auteur indique si le testament a été écrit à la main ou à la machine, par lui-même ou une autre personne. Dans ce dernier cas, il doit préciser qu'il a vérifié personnellement le libellé. Le notaire ouvrira le testament scellé au décès du testateur.

➤ Le Fichier central des testaments

Quel que soit le modèle de testament choisi (olographe, authentique ou mystique), il est toujours souhaitable de le faire enregistrer au Fichier central des dispositions des dernières volontés. L'inscription d'un testament au fichier n'est pas automatique ; il faut en faire la demande expresse à votre notaire. Le coût de cette démarche est d'environ 30 €.

Ce fichier, situé à Aix-en-Provence, est placé sous le contrôle du Conseil supérieur du notariat.

Il regroupe l'ensemble des testaments déposés ou rédigés chez le notaire sur tout le territoire national. Le contenu du testament lui-même n'y figure pas. Sont mentionnés seulement les nom, prénom, lieu et date de naissance de celui qui en est l'auteur, ainsi que la date et la nature de l'acte déposé.

L'enregistrement du testament présente des avantages certains ; d'abord, l'assurance que ses dernières volontés seront connues lors de l'ouverture de la succession. En effet, le notaire chargé d'en assurer le règlement pourra, en s'adressant au Fichier central, savoir si un testament a été rédigé et, le cas échéant, quel est le notaire concerné. Dans bien des cas, de vaines recherches sont ainsi évitées. Attention ! Le fichier n'est accessible qu'aux notaires, sur demande de toute personne qui justifie de sa qualité d'héritier ou de légataire, et il ne peut être consulté que sur présentation d'un certificat de décès de la personne dont on recherche le testament. Le contenu du testament lui-même ne peut être connu qu'en s'adressant au notaire chez qui il a été déposé ; il n'est communiqué qu'aux héritiers et légataires.

➤ Comment modifier ou révoquer son testament ?

À la différence des donations qui sont irrévocables, il est possible, à tout moment et jusqu'à son dernier jour, de révoquer ou de modifier son testament, même si celui-ci a été reçu par un notaire sous la forme d'un acte notarié. Deux possibilités sont offertes pour modifier un testament : soit le refaire entièrement, soit y apporter une disposition supplémentaire (ou codicille*).

TOUT REFAIRE. Le mieux est de rédiger entièrement un autre testament, en respectant bien les règles de forme et d'indiquer que les précédents ne sont plus valables. À défaut, si vous faites plusieurs testaments au fil du temps, le plus récent n'annulant pas les précédents, tous devront être exécutés dans la mesure où il n'y a pas d'incompatibilité. Mais si, dans le testament le plus récent, vous décidez de léguer à Paul tel bien auparavant légué à Pierre, c'est cette dernière version qui prévaut.

Il faut en outre détruire l'ancien testament et, s'il avait été inscrit au Fichier central des dispositions des dernières volontés, demander au notaire l'annulation de cette inscription.

Rédiger un codicille. On ne refait pas tout le testament. Sur un document séparé, on modifie simplement pour partie celui qui existe déjà, en supprimant certaines dispositions ou en en ajoutant d'autres. Ces modifications sont à éviter, surtout si elles sont importantes. Elles sont souvent sources de confusion ou de procès entre les héritiers. Il est plus sage de refaire un nouveau testament chaque fois que l'on veut modifier le précédent.

➤ Le contenu du testament

Vous pouvez, par testament, transmettre certains biens à une ou plusieurs personnes désignées, ou la totalité de votre patrimoine à une seule personne, ou procéder à son partage afin de ne rien laisser au hasard.

Le legs universel. En désignant une personne comme légataire universel dans son testament, on lui ouvre la possibilité de recevoir la totalité de sa succession. Il est possible de désigner plusieurs légataires universels. Ils se partageront alors à parts égales les biens de la succession. Si l'un renonce, l'autre recueille la totalité.

Mais un légataire universel ne recevra pas tout si le défunt laisse des héritiers réservataires, car ces derniers ont droit à leur part de succession (sauf pacte successoral, *voir page 45*). Le légataire universel recueillera alors ce qui reste de la succession, une fois que les parts de réserve auront été prélevées. On peut donc utiliser le legs universel pour attribuer la quotité disponible à l'un de ses enfants ou à toute autre personne.

Comme les autres héritiers, le légataire universel doit payer les dettes de la succession, proportionnellement à sa part *(voir page 171)*.

Exemple : Mme Lille n'a pas d'enfant. Elle désire que sa nièce Lucie hérite de tous ses biens.

« Ceci est mon testament. Je soussignée Jeanne Lille, née le……., demeurant à ……., institue légataire universelle ma nièce Lucie Lille, née le …………, demeurant à ………. En conséquence, je lui lègue la totalité de mes biens meubles et immeubles composant ma succession, sans exception ni réserve. Je déclare en outre révoquer tous testaments ou dispositions pris antérieurement à ce testament.

Fait à ……., le ………(signature). »

Le legs à titre universel. Il permet de léguer une fraction de ses biens (une moitié, un tiers ou un quart) ou encore tous ses meubles. Les biens ainsi légués ne sont pas décrits, ni distingués objet par objet. En présence d'héritiers réservataires, le legs à titre universel sera limité à la quotité disponible. Comme les autres héritiers, le légataire à titre universel doit payer les dettes de la succession, proportionnellement à sa part *(voir page 171)*.

Exemple : M. Paris a un fils. Celui-ci a droit à la moitié de la succession. Par un legs universel, M. Paris veut donner l'autre moitié à son neveu.

« Ceci est mon testament. Je soussigné Luc Paris, né le ...., demeurant à ...., déclare léguer à mon neveu Benjamin Paris, né le ...., demeurant à ...., la moitié de mes biens meubles et immeubles qui dépendront de ma succession au jour de mon décès. Je déclare, en outre, révoquer tous testaments ou dispositions prises antérieurement.

Fait à ...., le ....(signature). »

Le legs particulier. Il porte sur un ou plusieurs biens précis (à condition bien sûr, selon les héritiers, de ne pas entamer la réserve, sauf pacte successoral) : une maison, un meuble, une somme d'argent... Le légataire reçoit l'objet légué dans l'état où il se trouve au jour du décès du testateur. Peu importe que le bien en cause ait subi des variations de valeur entre le moment où a été rédigé le testament et le jour du décès.

Le légataire particulier n'a pas à payer les dettes de la succession *(voir page 171)*.

Exemple : Marie Lyon désire léguer tous ses bijoux à sa petite-fille Louise.

« Ceci est mon testament. Je soussignée Marie Lyon, née le ...., demeurant à ...., déclare léguer tous mes bijoux à ma petite-fille Louise Lyon, née le ...., demeurant à .... Je déclare, en outre, révoquer tous testaments ou dispositions prises antérieurement.

Fait à ...., le ....(signature). »

Legs avec charge. Dans le testament, le legs peut comporter des conditions ou prévoir des obligations à la charge du bénéficiaire. Par exemple : s'occuper d'un animal, verser une rente viagère à une personne désignée, faire dire des messes à sa mémoire...

Si les héritiers constatent que les conditions ne sont pas remplies, ils peuvent demander la révocation du legs au tribunal de grande instance. En cas de révocation, le bénéficiaire doit leur restituer le bien qu'il a reçu.

Si le testateur a prévu une clause d'inaliénabilité, le légataire ne peut vendre le bien. Cependant cette clause n'est valable que si elle est temporaire et justifiée par un intérêt sérieux et légitime. Une clause qui interdirait trop longtemps la vente serait nulle ; par exemple une inaliénabilité de trente ans imposée à des légataires âgés de 60 ans et plus.

LEGS GRADUELS ET RÉSIDUELS. Comme pour la donation graduelle et résiduelle *(voir page 69)*, il s'agit pour celui qui rédige le testament de désigner, pour un ou plusieurs biens identifiés, deux bénéficiaires successifs ; le premier légataire reçoit le bien au décès du testateur ; le second au décès du premier légataire.

Pour un legs graduel, le premier bénéficiaire a une double obligation : garder toute sa vie le bien qu'il a reçu puis, à son décès, le transmettre à une personne déterminée. Pendant la période où il détient le bien, il ne peut ni le vendre, ni le donner, ni même s'en servir comme garantie s'il souscrit un prêt, par exemple. Toutefois, si le legs porte sur un portefeuille de titres, le légataire peut effectuer des ventes et achats de titres. En effet, la charge de conserver le bien s'applique sur le portefeuille, non sur les titres qui le composent.

Dans le legs résiduel, le premier légataire peut vendre le bien et/ou le donner, mais il ne peut pas le transmettre par testament à qui il veut. Si, au jour de son décès, le bien est toujours dans son patrimoine, il sera transmis, dans l'état où il se trouve, à la deuxième personne désignée par le testateur.

La fiscalité de ces legs est avantageuse. Au décès du testateur, le premier légataire paie des droits en fonction de son lien de parenté avec le testateur, le second légataire ne paie rien. Au décès du premier légataire, le second paiera des droits en fonction des liens de parenté qui le lient au testateur, diminués des taxes payées par le premier légataire *(voir pages 195 à 200)*.

LE TESTAMENT-PARTAGE. Il permet de prévoir le partage de ses biens entre ses héritiers. Jusqu'en 2006, il ne pouvait être utilisé que par les parents au profit de leurs enfants. Mais depuis 2007, il peut être fait en faveur de ses héritiers présomptifs, c'est-à-dire des proches concernés par la succession selon les règles légales. Une personne célibataire, sans enfant, dont les parents sont décédés, peut ainsi faire un testament-partage au profit de ses frères et sœurs. Toute personne peut également utiliser ce testament en faveur de descendants de degrés différents (enfants et petits-enfants).

Mais attention ! Le testament-partage ne peut être établi que par une personne (pas par un couple) et ne peut concerner que les biens propres, pas les biens communs (*voir page 25*). Deux parents ne peuvent pas, par exemple, faire chacun un testament-partage et transmettre ainsi un bien de la communauté à l'un de leurs enfants.

Si le testament-partage ne concerne qu'une partie des biens du défunt, les autres seront attribués selon les règles légales.

Comme le testament-partage ne produit ses effets qu'au jour du décès, le testateur peut revenir dessus et le modifier tant qu'il le souhaite. Les héritiers, eux, s'ils peuvent toujours renoncer à leur part, ne peuvent pas réclamer un nouveau partage.

Le testament-partage ne peut constituer un moyen pour contourner le droit des héritiers réservataires. Si un enfant se trouve désavantagé par rapport aux autres, ou ne figure pas au partage, le testament n'est pas annulé mais les héritiers avantagés devront indemniser celui qui est désavantagé.

Faire une donation entre époux

À la différence des donations classiques, dans lesquelles le bien est donné du vivant du conjoint, la donation entre époux (aussi appelée « donation au dernier vivant ») ne prend effet qu'au jour du décès. En pratique, les conjoints rédigent un seul acte, dans lequel ils se consentent des donations réciproques pour se protéger mutuellement, et sans avoir à prévoir l'ordre des décès ; celui qui décédera le premier assure ainsi la protection du dernier vivant (d'où le nom du dispositif).

Elle se fait devant notaire, simplement, en présentant son livret de famille. Le coût global de l'acte est de l'ordre de 350 €. Sauf si vous vous y opposez, la donation entre époux sera inscrite, par le notaire, au Fichier central des dispositions des dernières volontés (coût : 30 €). Le notaire chargé du règlement de la succession du donateur aura ainsi connaissance de l'existence de la donation et du lieu de dépôt de l'acte.

➤ Le choix du contenu

Par cette donation, chaque époux peut ainsi donner à l'autre la totalité de ses biens en usufruit, ou une partie en pleine propriété et l'autre en usufruit. La seule chose qui importe est de respecter le montant de la quotité disponible spéciale entre époux* *(voir page 42)*, c'est-à-dire de ne pas dépasser le montant des biens dont l'intéressé peut disposer librement dans sa succession.

Dans le cas contraire, après son décès, la donation serait réduite, et le conjoint survivant risquerait d'avoir des difficultés à rembourser le trop-perçu. Cet inconvénient peut être neutralisé avec un pacte successoral, qui permet aux enfants du donateur de renoncer par anticipation à demander la réduction d'une donation trop importante *(voir page 45)*.

Vous pouvez préciser dans l'acte de donation ce que vous accordez à votre conjoint ou, au contraire, ne rien mentionner pour lui laisser le choix le moment venu. Quoi qu'il en soit, en présence d'enfants, on peut donner à son conjoint au maximum :

- soit l'usufruit de la totalité de la succession ;
- soit un quart en pleine propriété et les trois quarts en usufruit ;
- soit la quotité disponible ordinaire *(voir page 40)* de la succession en pleine propriété ; la moitié de la succession en présence d'un enfant, le tiers avec deux enfants, le quart avec trois enfants.

Lorsque le défunt ne laisse pas d'enfants mais que son père et sa mère sont toujours vivants, la donation entre époux permet au conjoint survivant de recevoir la totalité de la succession, à l'exclusion, éventuellement, des donations que les parents du défunt lui avaient consenties, et sur lesquelles ils peuvent faire jouer leur droit de retour* *(voir page 34)*. Si le défunt ne laisse ni père ni mère, mais des frères et sœurs, la donation peut faire obstacle à leur droit de retour *(voir page 34)*.

➤ La donation entre époux a-t-elle encore un intérêt ?

Selon les textes actuels *(voir page 30)*, au décès de l'époux ou de l'épouse, le conjoint survivant n'est plus démuni, même si aucune disposition n'est prise en sa faveur. Ainsi, par exemple, il lui revient de toute façon la moitié des biens communs si les époux étaient mariés sous le régime de la communauté, la succession se composant de l'autre moitié et des biens propres du défunt.

Pour autant, la donation au dernier vivant n'a pas perdu tout son intérêt, comme le montre le tableau de la page précédente.

En présence d'enfants, en particulier nés d'une autre union, la donation au dernier vivant permet de donner plus à son conjoint, lui offrant la possibilité de panacher usufruit et pleine propriété.

Elle a aussi l'avantage de la souplesse ; grâce à elle, le conjoint survivant peut désormais choisir de ne prendre qu'une partie de ce qui lui a été laissé. Il peut décider, par exemple, de ne conserver que l'usufruit de la résidence principale et un portefeuille de valeurs mobilières, et abandonner ses droits sur les autres biens *(voir pages 99 et 166)*. Or, il ne peut pas le faire s'il reçoit l'usufruit de par l'application de la loi.

Attention, toutefois ! La donation au dernier vivant n'est pas forcément la solution à recommander dans les situations potentiellement conflictuelles ou compliquées, comme il s'en rencontre parfois, notamment dans les familles recomposées.

➤ Ne confondez pas avec la donation de « biens présents ».

Rien n'interdit aux époux de se consentir une donation classique qui produit ses effets au moment où elle est faite. On parle alors de « donation de biens présents » par opposition à la donation de biens au dernier vivant. En pratique, ces donations sont rares, sauf sous des formes indirectes comme par exemple l'assurance vie, la réversion d'un usufruit, l'acquisition d'un bien au nom de l'époux.

En outre, elle présente deux désavantages. Les donations de biens présents consenties depuis le 1er janvier 2005 sont irrévocables si elles ont pris effet pendant le mariage, même lorsque les époux divorcent ultérieurement.

Exemple : l'époux donne une somme d'argent à son conjoint ; il ne peut réclamer la somme donnée en cas de divorce.

La donation entre époux est, quant à elle, révocable à tout instant. L'un des deux conjoints peut très bien changer d'avis. Il lui suffit d'en avertir, par écrit, son notaire. Il peut aussi lui en faire part tacitement en léguant, par exemple, le bien précédemment donné à son conjoint, à une autre personne. En cas de divorce, la donation au dernier vivant est automatiquement révoquée. En pratique, les conjoints se consentent bien souvent des donations réciproques. Attention cependant, elles ne sont pas liées ; aussi injuste que cela puisse paraître, un époux peut révoquer sa donation sans en avertir l'autre. Et cette révocation ne remet pas en cause celle consentie par l'autre conjoint.

Deuxième inconvénient : la donation de biens présents n'est pas exonérée de droits *(voir page 86)* alors que la succession entre époux, si.

L'assurance vie

Vous pouvez souscrire un contrat d'assurance vie pour faire fructifier votre épargne dans la ferme intention de récupérer ensuite ce capital pour vous-même (même si, dans le cadre de ce contrat, vous êtes amené/e à désigner une ou des personnes qui recevraient le capital accumulé si vous veniez à décéder prématurément). Mais vous pouvez aussi vous en servir pour favoriser une personne sans lien avec vous (votre concubin par exemple) ou un parent éloigné. En effet, le contrat d'assurance vie reste un outil de transmission très intéressant.

➤ Un capital transmis hors succession

Le capital d'un contrat d'assurance vie ne fait pas partie de la succession. On n'en tient donc pas compte pour calculer la part de réserve qui doit revenir à chacun de vos enfants, ou la quotité disponible. La souscription d'un contrat d'assurance vie au profit de votre conjoint peut vous permettre de l'avantager au-delà de ce que permettent les règles successorales. Par testament ou donation entre époux, vous pouvez lui accorder la quotité spéciale entre époux et le désigner bénéficiaire d'un contrat d'assurance vie. Avantage supplémentaire, le capital de l'assurance vie n'est pas pris en compte pour la liquidation du régime matrimonial ; il n'est donc pas partagé en deux. Mais lorsque l'on désigne son conjoint comme bénéficiaire, il faut bien penser que ce qui restera du capital, s'il ne l'utilise pas intégralement, se retrouvera dans sa succession à lui et sera soumis aux droits de succession. Il peut parfois être judicieux, en fonction des sommes en cause, de procéder différemment et de prévoir, notamment, qu'une partie du capital revienne à ses enfants.

En effet, il est également possible de désigner comme bénéficiaires ses enfants ou encore toute autre personne. Mais attention, lorsqu'il ne s'agit pas d'un héritier réservataire, veillez à ne pas investir dans le contrat des sommes disproportionnées par rapport à vos revenus ou votre patrimoine. Sinon, les héritiers réservataires lésés pourraient demander au juge de corriger les abus. Il pourrait en être, ainsi, par exemple d'enfants nés d'une première union à l'égard du second conjoint de leur parent.

➤ Pour minimiser l'impôt

Si vous faites les versements sur votre contrat avant vos 70 ans, chaque bénéficiaire désigné, quel que soit son lien de parenté avec vous, peut recevoir un capital de 152 500 € sans droit ni taxe à payer. Au-delà, il sera redevable d'une taxe de 20 %. Pour les sommes versées après 70 ans, la fiscalité est plus sévère ; le total des sommes versées (hors intérêts) n'est exonéré que dans la limite de 30 500 €, tous contrats d'assurance vie et tous bénéficiaires confondus. Les versements qui dépassent ce seuil sont soumis aux droits de succession. Les intérêts produits par vos versements sont, eux, intégralement exonérés.

Notez cependant qu'en fonction de la date de souscription de votre contrat et de la date des versements, les règles d'imposition énoncées peuvent être différentes *(voir tableau page 90)*.

Les droits du conjoint survivant

	Si le conjoint n'a rien prévu	Avec une donation entre époux
Le couple a des enfants communs.	- Totalité de la succession en usufruit ; - ou un quart en pleine propriété.	– Totalité de la succession en usufruit ; - ou un quart en pleine propriété et les ¾ en usufruit ; - ou la quotité ordinaire : la moitié de la succession en pleine propriété s'il y a un enfant, le tiers s'il y a 2 enfants, le quart avec 3 enfants et plus.
Le défunt a des enfants nés d'une première union.	¼ en pleine propriété.	
Le couple n'a pas d'enfant : - le défunt laisse un de ses parents ; - le défunt laisse ses deux parents ; - le père et la mère sont décédés.	 Les ¾ de la succession en pleine propriété. La moitié de la succession en pleine propriété. La totalité de la succession en pleine propriété[1].	 Intégralité de la succession[2]. Intégralité de la succession[2]. Intégralité de la succession[1].

1. Si le défunt laisse des frères et sœurs, ceux-ci peuvent exercer un droit de retour sur la moitié des biens de famille *(voir page 34)*.
2. Les parents ont un droit de retour sur les biens qu'ils avaient donnés à leur enfant *(voir page 34)*.

Le régime fiscal du capital transmis par l'assurance vie aux bénéficiaires désignés dans le contrat[1]

Contrat souscrits avant le 20 novembre 1991	
Sommes versées[2] au contrat avant le 13/10/1998	Sommes versées à partir du 13/10/1998
Aucune taxation.	Pas de taxation sur le capital jusqu'à 152 500 € par bénéficiaire. Taxation à 20 % au-delà.

Contrats souscrits à compter du 20 novembre 1991			
Sommes versées avant le 13/10/1998		Sommes versées à partir du 13/10/1998	
Avant 70 ans.	À partir de 70 ans.	Avant 70 ans.	À partir de 70 ans.
Aucune taxation.	- Pas de taxation sur les sommes versées jusqu'à 30 500 € ni sur intérêts[3]. - Droits de succession sur les sommes versées au-delà de 30 500 €[4].	- Capital exonéré jusqu'à 152 500 €. - Taxe de 20 % au-delà.	- Pas de taxation sur les sommes versées jusqu'à 30 500 € ni sur intérêts[3]. - Droits de succession sur les sommes versées au-delà de 30 500 €[4].

1. Le conjoint ou le partenaire pacsé survivant (le frère ou la sœur du défunt sous certaines conditions) sont exonérés de la taxe de 20 % et des droits de succession.
2. Les « primes » dans le langage des banques et sociétés d'assurances.
3. Tous contrats d'assurance vie confondus.
4. Abattement et barème applicables selon le lien de parenté.

Organiser la gestion de sa succession

En principe, ce sont les héritiers qui gèrent la succession. Depuis le 1er janvier 2007, dans certains cas très précis, vous pouvez désigner la personne qui sera chargée, après votre décès, d'administrer tout ou partie de votre patrimoine, grâce au « mandat à effet posthume ». Dans tous les autres cas, vous pouvez recourir au testament pour nommer un exécuteur testamentaire.

➤ Le mandat à effet posthume

Vous ne pouvez y recourir que si l'intérêt « légitime et sérieux » du patrimoine ou d'un ou plusieurs héritiers précis est en jeu ; par exemple, pour éviter la vente inopportune d'un bien dont la gestion requiert des compétences particulières (une entreprise, des immeubles) ou pour protéger un héritier vulnérable (enfant handicapé, conjoint malade...). Par ce mandat, obligatoirement rédigé par un notaire, vous pouvez désigner qui vous voulez (sauf le notaire rédacteur de l'acte) ; un héritier, un tiers, une association... Vos héritiers n'ont pas à donner leur agrément ; toutefois, le mandataire désigné doit accepter cette mission devant notaire et de votre vivant. La durée de son mandat ne pourra pas dépasser deux ans (cinq ans en fonction de l'âge ou de l'inaptitude des héritiers). Mais il pourra être renouvelé par le juge saisi par le mandataire ou un héritier. Le mandataire ne sera rémunéré que si le mandat posthume le prévoit. Cette rémunération viendra en déduction de la succession. La fin de la mission peut survenir à un terme prévu dans le mandat, à la suite de la « démission » du mandataire, de la vente des biens mentionnés dans le mandat, du décès de l'héritier que le mandat protège. Un héritier peut obtenir sa révocation en justice pour mauvaise exécution du mandat, ou absence (ou disparition) de « l'intérêt sérieux et légitime ».

➤ L'exécuteur testamentaire

Dans un testament, vous pouvez nommer un exécuteur testamentaire qui sera chargé de veiller ou même de procéder à la bonne exécution de vos dernières volontés : l'organisation des funérailles, la délivrance des biens que vous souhaitez léguer à telle ou telle personne, la prise de décisions nécessaire à la conservation des biens... Depuis le 1er janvier 2007, il est possible d'attribuer plus de droits à l'exécuteur testamentaire. Dans le testament, vous pouvez l'autoriser :

- à vendre tout ou partie des biens de la succession autres qu'immobiliers pour procéder à des legs, dans la limite de la quotité disponible *(voir page 40)* ;
- en l'absence d'héritiers réservataires (ou si aucun n'accepte la succession), à recevoir et placer des capitaux de la succession, payer des dettes, procéder au partage entre héritiers et légataires.

Le testament dans lequel est désigné l'exécuteur testamentaire peut être rédigé sans le concours d'un notaire, mais il est préférable d'y recourir. La personne pressentie pour accomplir cette mission est libre de l'accepter ou non. En cas de refus, nul ne peut la remplacer. Son rôle est limité dans le temps : deux ans à partir de l'ouverture du testament (le cas échéant, l'exécuteur testamentaire peut demander au tribunal de grande instance de prolonger cette durée).

À retenir

- Si vous avez des idées précises sur la façon dont vous voulez répartir vos biens en famille à votre décès, le testament reste le moyen le plus simple, qu'il soit établi ou non devant notaire.
- Pour ne pas risquer d'être mis en cause après le décès, un testament doit obéir à des règles précises ; il doit être écrit et établi par une seule personne. Impossible pour deux époux de faire un testament commun.
- Il est possible de modifier son testament à tout moment. Pour éviter toute ambiguïté, mieux vaut le refaire entièrement et indiquer que les précédents ne sont plus valables.
- Il est recommandé de faire enregistrer son testament auprès du Fichier central des dispositions des dernières volontés ; le notaire chargé de la succession est ainsi assuré de le retrouver.
- Le testament peut être utilisé pour garantir l'avenir d'un proche non-héritier, un concubin par exemple.
  Mais dans ce cas, il ne constitue pas la meilleure solution, car il y aura de lourds droits de succession à payer. Mieux vaut lui préférer l'assurance vie, qui permet de transmettre à son décès une somme d'argent peu ou pas taxée. L'assurance vie est aussi un moyen très intéressant de favoriser son conjoint ou ses enfants.
- Entre époux, la donation au dernier vivant garde de l'intérêt, notamment en présence d'enfants nés d'un mariage précédent. Attention aux difficultés possibles en cas de famille recomposée.

PROTÉGER VOS PROCHES

Avec la réforme du droit des successions, vous disposez d'une grande liberté pour transmettre votre patrimoine. Les nouveaux outils juridiques vous permettent de coller au mieux de vos préoccupations. Qui protéger ? Comment ? Pour prendre la bonne décision, il faut arriver à combiner le plus avantageusement possible les règles de l'héritage et les dispositions fiscales des successions. Certes, ce dernier aspect ne joue plus lorsqu'il s'agit de protéger votre conjoint ou partenaire de Pacs ; en ce qui les concerne, les successions sont désormais totalement exonérées de droits. La question fiscale ne se pose guère non plus vis-à-vis des enfants, puisqu'elle n'intervient que pour les patrimoines importants (plus de 625 436 €, par exemple, pour un couple avec deux enfants).
En revanche, elle est essentielle lorsque vous voulez protéger votre concubin, ou transmettre des biens à de la famille éloignée, voire des personnes sans lien de parenté avec vous ; en théorie, tout est possible ou presque, mais les droits de

succession à payer au fisc risquent d'être exorbitants. Attention, donc, aux cadeaux empoisonnés !

Ensuite, la difficulté est d'arriver à concilier l'envie d'aider ses proches et la nécessité d'assurer son propre avenir, en évitant les conflits familiaux présents et futurs. Tout est question de dosage, mais dépend aussi de l'importance du patrimoine.

Protéger votre conjoint

Classiquement, les couples utilisent la donation au dernier vivant et le contrat d'assurance vie pour se protéger mutuellement. Mais le fait que les conjoints et partenaires de Pacs n'aient désormais plus de droits de succession à payer bouleverse la donne. Les solutions adoptées hier ne sont plus forcément les meilleures aujourd'hui...

Parachevant la réforme des successions entamée en 2006, la loi du 21 août 2007 supprime totalement les droits de succession (quel que soit le montant de ceux-ci) entre époux et partenaires de Pacs. Ce texte est applicable aux successions ouvertes depuis le 22 août 2007. Donc, si vous aviez pris des dispositions avant ce train de réformes, un conseil : faites le point avec votre notaire.

Même si vous n'avez rien fait, rappelons que le conjoint survivant n'est plus aujourd'hui démuni *(voir page 17 et suivantes)*. Vous pouvez, par des actes simples et peu coûteux, lui assurer une protection, en principe dans le respect des droits de vos enfants sur votre héritage. Car selon le schéma classique, si vous avez des enfants, vous ne disposez librement que d'une partie de votre succession appelée quotité disponible.

Rappel : il existe deux quotités disponibles ; une « ordinaire », qui peut être utilisée pour donner ou léguer un bien à qui l'on veut ; l'autre dite « spéciale entre époux » qui ne peut être utilisée qu'en faveur de son conjoint. Attention ! les deux ne se cumulent pas. Cependant, vous avez à votre disposition plusieurs moyens d'attribuer davantage à votre conjoint, notamment le pacte successoral *(voir page 45)*, l'adoption du régime de la communauté universelle *(voir page 96)*, ou l'assurance vie *(voir page 87)*.

Changer de régime matrimonial

Le régime matrimonial a des répercussions sur la succession. Rappelons que les époux peuvent choisir leur régime matrimonial en passant un contrat lorsqu'ils se marient, mais aussi pendant tout le temps que dure le mariage. Avec une restriction : ils ne peuvent opérer de changement pendant les deux premières années suivant le mariage ou suivant un changement de régime. À défaut de choix, la loi décide pour eux : les couples mariés sans contrat après 1965 sont placés sous le régime de la communauté réduite aux acquêts. Pour les unions antérieures, c'est le régime de la « communauté de meubles et acquêts » qui s'applique.*

➤ Les différents régimes

Ils se classent en deux catégories : les « communautaires », qui associent les deux époux pour la constitution et la gestion d'un patrimoine commun ; et les « séparatistes », qui attribuent à chaque époux un patrimoine personnel qu'il gère de façon indépendante. Les uns et les autres n'ont pas les mêmes conséquences au décès de l'un des conjoints *(voir page 17)*. Aussi, en fonction de sa situation familiale (mariages successifs et enfants des différentes unions, inégalité de patrimoine entre époux, différence d'âge...) ou professionnelle (professions libérales...) on peut se servir de l'un ou l'autre de ces régimes pour favoriser son conjoint. Par exemple, il peut paraître judicieux d'opter pour la séparation de biens quand l'un des conjoints exerce une profession à risque, mais à terme, ce choix est peu protecteur pour le veuf ou la veuve. En effet, si le défunt ne prend aucune disposition particulière, et que le conjoint survivant n'a pas de biens propres ou de revenus significatifs, il se retrouvera démuni. À l'opposé, le régime de la communauté universelle*, avec clause d'attribution intégrale, est celui qui favorise le plus le conjoint survivant. Le choix pour ce régime s'opère bien souvent après la retraite.

➤ Protection maximum

AVEC LA COMMUNAUTÉ UNIVERSELLE, LES ÉPOUX METTENT EN COMMUN TOUS LEURS BIENS meubles et immeubles, acquis ou non avant le mariage. Ainsi, un époux qui ne possède aucun bien propre est très avantagé si son conjoint a un patrimoine personnel important ; il deviendra propriétaire de la moitié de celui-ci. Au décès de l'un, l'autre récupère la moitié des biens de la communauté puis sa part dans la succession, par exemple un usufruit total. Si l'on adjoint à ce régime la clause d'attribution intégrale, l'époux survivant reçoit l'intégralité des biens en franchise d'impôt. Jusqu'ici, cette solution était le plus souvent utilisée par les couples sans enfants, pour permettre au conjoint survivant de récupérer tous les biens sans droits à payer. À ce titre, la communauté universelle a perdu son intérêt puisque le conjoint est désormais exonéré de droits de succession. Un simple testament permet d'aboutir au même résultat (si le couple n'a pas d'enfant). Cette solution est, en outre, moins chère et plus souple.

Autre inconvénient de la communauté universelle : chaque conjoint perd le contrôle de ses biens propres. Aucun d'eux ne peut plus en disposer librement, l'accord des deux conjoints étant nécessaire pour tout ; de la donation à la vente d'un bien. En cas de perte des capacités mentales de l'un des époux, la situation risque de ne pas être facile à gérer.

LA COMMUNAUTÉ UNIVERSELLE AVEC CLAUSE D'INTÉGRATION INTÉGRALE EST DÉCONSEILLÉE AUX COUPLES AYANT DES ENFANTS. En effet, au décès du premier conjoint, les enfants ne reçoivent pas d'héritage de leur parent décédé. Si, lorsque le second conjoint meurt à son tour, il a tout dilapidé, les enfants ne reçoivent rien. Il en est de même en cas de remariage sous ce régime avec clause d'attribution intégrale, si le second parent décède avant son nouveau conjoint, qui se retrouve propriétaire alors de tous les biens et peut en user à sa guise sauf action en retranchement* des enfants de la première union *(voir page 22)*.

Enfin, les enfants sont pénalisés fiscalement. S'ils héritent de quelque chose au décès de leur second parent, ils ne bénéficient chacun qu'une seule fois de l'abattement de 151 950 € pour le calcul des droits de succession.

Pour atténuer ces inconvénients vis-à-vis des enfants, on peut jumeler la communauté universelle avec une donation-partage. Mais il faut pour cela un patrimoine assez important. Ainsi, des parents peuvent donner une somme d'argent à chacun de leurs enfants, et garder une partie de leur patrimoine (la résidence principale et un portefeuille d'actions, par exemple) qui sera transmise intégralement au conjoint survivant. Les parents ont aussi la possibilité de ne pas inclure tous leurs biens propres dans la communauté. Au décès du premier de leurs parents, les enfants pourront hériter par exemple de la nue-propriété des biens ainsi mis à l'écart, ou même d'une partie en pleine propriété.

La communauté universelle vis-à-vis des enfants d'une première union. Si vous avez des enfants nés d'une première union, adopter le régime de la communauté universelle avec clause d'attribution intégrale est une mauvaise solution, car les enfants peuvent y faire échec. Ils peuvent s'adresser au tribunal de grande instance pour demander au juge de diminuer la part revenant au conjoint survivant, par le biais d'une « action en retranchement* ». Depuis le 1er janvier 2007, les enfants peuvent décider à l'avance de renoncer à exercer leur action en retranchement jusqu'au décès du conjoint survivant. Mais on ne peut pas leur imposer cette démarche. Obligatoirement fait devant deux notaires, l'acte de renonciation doit d'ailleurs être signé en dehors de la présence du parent concerné. Cela dit, la communauté universelle n'est pas forcément défavorable aux enfants nés d'une première union ; si leur beau-père ou belle-mère meurt en premier, alors que leur parent est le moins « riche » du couple, la mise en commun des deux patrimoines leur permettra de recevoir plus au décès de leur parent.

➤ Le coût de l'opération

Changer de régime matrimonial implique, depuis le 1er janvier 2007, un simple passage devant notaire, alors qu'il fallait avant cette date saisir le tribunal de grande instance et prendre un avocat *(voir page 23)*. Le coût de l'opération s'en trouve réduit, les frais d'avocat et de procédure étant économisés. Vous n'aurez à payer que le notaire. Mais ses honoraires seront plus élevés s'il est nécessaire de liquider l'ancien régime matrimonial. Renseignez-vous au préalable sur leur montant. S'adresser au tribunal demeure obligatoire si l'un des époux a un enfant mineur, ou si un enfant majeur ou un créancier fait opposition à ce changement.

Me Jacques Combret, notaire à Rodez, précise ; « Pour protéger son conjoint, il y a la possibilité de conserver son régime matrimonial et de l'adapter en y insérant certaines clauses permettant, par exemple, l'attribution de biens précis. »

Faire une donation entre époux

GRÂCE À LA DONATION ENTRE ÉPOUX, VOUS POUVEZ DONNER PLUS À VOTRE CONJOINT QUE CE QUE LA LOI LUI ACCORDE. Il peut recueillir ainsi la quotité disponible spéciale entre époux. Si vous avez des enfants, celle-ci est égale : soit à la totalité de la succession en usufruit, soit à un quart de la succession en pleine propriété et aux trois quarts en usufruit, soit à la moitié de la succession en présence d'un enfant, le tiers avec deux enfants, le quart avec trois enfants et plus. Sans la donation entre époux, il n'aurait le choix qu'entre l'usufruit total ou un quart de la succession en pleine propriété.

SI VOUS AVEZ DES ENFANTS NÉS D'UNE PRÉCÉDENTE UNION, la loi stipule que le conjoint ne peut recueillir que le quart de la succession en pleine propriété. Avec la donation au dernier vivant, l'époux survivant a aussi accès à l'usufruit. Mais ce n'est pas toujours la meilleure des solutions ; tout dépend du climat qui règne entre beau-parent et beaux-enfants. En outre, les intérêts de chacun peuvent être antagonistes. Par exemple, il n'est pas forcément facile d'accepter d'avoir à payer de gros travaux de copropriété pour un logement habité par sa belle-mère ou son beau-père, et dont on ne sera propriétaire que dans de très nombreuses années. À l'inverse, si le veuf ou la veuve fait le choix d'une partie de la succession en pleine propriété, les biens concernés échapperont, en principe, définitivement aux enfants du défunt. Bref, il n'existe pas de solution idéale ! Mais parce qu'il est plus souple et permet plus de choses, le testament est bien souvent préconisé dans les familles recomposées *(voir page 100)*.

LE GRAND AVANTAGE DE LA DONATION ENTRE ÉPOUX est de permettre au conjoint survivant de renoncer à une partie de l'héritage qui lui revient ; c'est ce que l'on appelle le « cantonnement* ». Parce que le souci des couples est d'assurer l'avenir du conjoint qui restera seul, celui-ci peut recevoir un patrimoine trop important par rapport à ses besoins ; par exemple l'usufruit de la totalité des biens, alors que le seul usufruit de la résidence principale lui aurait suffi. Depuis le 1er janvier 2007, le conjoint survivant peut renoncer à une partie de son héritage, qui reviendra alors aux autres héritiers (principalement les enfants). Attention, il n'a cette possibilité que s'il hérite en vertu d'une donation au dernier vivant ou d'un testament. Mais, un conjoint qui craindrait que son époux ou épouse ne se démunisse d'une trop grande part de son héritage peut le priver de sa faculté de renoncer à une partie de ce qui lui revient, par une clause de la donation au conjoint survivant ou du testament.

Rédiger un testament

En rédigeant un testament, vous pouvez, au-delà de la donation au dernier vivant, prendre un ensemble de dispositions vis-à-vis de votre conjoint. Dans les familles recomposées, le testament donne la possibilité de protéger son conjoint tout en ne lésant pas ses enfants nés d'une première union. Par exemple, en lui léguant le logement familial, vous évitez une situation d'indivision ou d'usufruit source de conflits. Vous pouvez aussi choisir de faire un legs graduel : vous attribuez un bien à votre conjoint, à charge pour lui de le transmettre à vos enfants.

S'il reçoit des biens par testament, le conjoint peut renoncer à une partie de son héritage. Si vous n'avez pas d'enfant, le testament vous permet d'écarter de la succession vos parents (sauf droit de retour, voir page 34), et si vous n'avez plus vos parents, d'éviter le droit de retour de vos frères et sœurs.

Souscrire un contrat d'assurance vie

Lorsque le conjoint est bénéficiaire du capital de votre contrat d'assurance vie, il n'a aucun droit à payer sur les sommes reçues (voir page 90). Comme l'assurance vie n'entre pas en compte dans la succession et, par là même, ne joue pas dans le calcul de la réserve et de la quotité disponible, c'est un moyen de donner à son conjoint plus que la quotité disponible entre époux. Mais attention, en présence d'enfants communs ou nés d'une précédente union, les versements ne doivent pas être disproportionnés par rapport à votre patrimoine et vos ressources. Sinon, ils peuvent être réintégrés à la succession à la demande de vos héritiers réservataires.

Des droits en plus

En dehors du cadre strictement successoral, le conjoint bénéficie d'autres droits : la pension de réversion et les capitaux décès éventuellement versés par les régimes de prévoyance des entreprises ou des mutuelles *(voir page 153)*.

À retenir

Les mesures pour avantager le conjoint

Mesures	Avantages	Inconvénients
Donation entre époux	- Démarche facile ; devant notaire. - Coût moyen (350 € environ).	– Acte révocable : un époux peut revenir sur la donation sans que son conjoint le sache. - Dans une famille recomposée, le conjoint survivant peut se trouver juridiquement lié aux beaux-enfants.
Communauté universelle avec clause d'attribution intégrale	- Régime particulièrement protecteur pour le conjoint survivant.	- Solution plus coûteuse que la donation entre époux. - Tous les biens étant communs, les décisions de vendre, de donner, doivent être prises par les deux conjoints. - La situation deviendra délicate si l'un des époux perd ses capacités intellectuelles.
Testament	- Il permet de faire du sur-mesure et d'éviter les conflits familiaux. - Acte pas ou peu coûteux.	- Acte révocable : un époux peut toujours modifier son testament sans en avertir l'autre.
Assurance vie	- Elle permet de donner plus que la quotité disponible spéciale entre époux.	– En présence d'enfants, le montant des versements au contrat ne doit pas être trop élevé par rapport à la capacité financière du souscripteur. Sinon réintégration possible dans la succession.

À savoir : pour les décès survenus depuis le 22 août 2007, ce que reçoit le conjoint survivant est exonéré de droits de succession.

Protéger votre concubin

Au regard des règles de l'héritage, les concubins sont des étrangers l'un pour l'autre. Ainsi, s'ils ne prennent aucune disposition pour se protéger mutuellement, au décès de l'un, l'autre n'hérite de rien. Faire une donation ou un legs n'est pas une bonne solution ; le concubin bénéficiaire aura des droits très lourds à payer (un peu moins élevés si les donations sont faites avant 70 ans). La meilleure protection, si on ne veut pas se marier, est de signer un Pacs et de faire un testament en faveur de son compagnon ou de sa compagne.

En matière d'héritage, la loi considère les concubins comme des étrangers l'un pour l'autre. Par exemple : deux concubins ont acheté ensemble leur résidence principale. Au décès de l'un des deux, l'autre est propriétaire de sa part ; sur l'autre partie du bien, il se retrouve en indivision* avec les héritiers du défunt. En fonction des liens qui l'unissent à ceux-ci, la situation peut se révéler plus ou moins compliquée. S'il s'agit des enfants du couple, il n'y aura, la plupart du temps, aucune difficulté. Mais qu'en sera-t-il avec des personnes plus éloignées, avec lesquelles aucun lien affectif n'a été tissé ? La donation ou le legs ne sont pas non plus à recommander, le bénéficiaire se retrouvant lourdement taxé sur le plan fiscal. En outre, si l'on a des enfants, on ne peut attribuer à son concubin que la quotité disponible (sauf pacte successoral, *voir page 45*). De fait, en dehors du mariage (et de la constitution d'un capital sur un contrat d'assurance vie), le moyen le plus simple et le moins coûteux de protéger son compagnon ou sa compagne consiste à signer un Pacs, assorti d'un testament en faveur l'un de l'autre.

Signer un Pacs

Le Pacte civil de solidarité (Pacs) est un contrat conclu par deux personnes (de sexe différent ou non) pour organiser leur vie commune. À cette fin, les partenaires doivent établir une convention écrite. Elle peut être notariée (c'est-à-dire faite devant notaire) ou non. Mais recourir au notaire présente deux intérêts : les partenaires sont parfaitement informés de leurs engagements et l'original de la convention est conservé chez le professionnel, les partenaires détenant chacun une copie appelée « expédition ». Ainsi, on est sûr qu'elle ne peut être égarée.*

➤ Le sort des biens

LES PARTENAIRES SONT SOUMIS AUX RÈGLES DE LA SÉPARATION DES PATRIMOINES, sauf s'ils en décident autrement dans leur convention de Pacs. Issues de la loi du 23 juin 2006, ces règles s'appliquent aux Pacs conclus à compter du 1er janvier 2007. Chacun est propriétaire de ce qu'il achète, crée et reçoit par donation ou succession. Mais les biens acquis pendant le Pacs sans facture et sans acte notarié sont présumés appartenir à chacun par moitié, à moins que l'un d'eux prouve qu'il en est l'unique propriétaire.

> ***Conseil***
>
> **Faire l'inventaire des biens de chacun**. Avant la conclusion d'un Pacs, il est utile d'établir un inventaire des biens dont chacun est propriétaire et de le joindre à la convention. Garder aussi la preuve des dons et des legs. En cas de séparation ou de décès, cette précaution peut éviter des contestations.

LES PERSONNES PACSÉES PEUVENT CHOISIR, DANS LEUR CONVENTION, DE SE PLACER SOUS LE RÉGIME DE L'INDIVISION*. Les biens qu'elles achètent ensemble ou séparément à compter de la conclusion du Pacs sont alors considérés comme leur appartenant par moitié. En cas de décès d'un des partenaires, le survivant est propriétaire de la moitié des biens, l'autre moitié constituant la succession. Certains biens sont néanmoins considérés comme propres à chaque partenaire, qui en reste donc l'unique propriétaire.

Il s'agit principalement : des biens reçus par donation ou héritage, et de ceux achetés avec des fonds reçus par donation ou legs, des biens détenus avant la conclusion du Pacs, des sommes figurant sur un compte d'épargne salariale, des biens créés pendant le Pacs (un fonds de commerce par exemple).

➤ Les personnes ayant conclu un Pacs avant 2007

Si les partenaires n'ont rien prévu de particulier dans la convention de Pacs, les biens sont présumés appartenir par moitié à chacun. Chaque fois que l'un achète un bien, l'autre est automatiquement propriétaire de la moitié. Chaque partenaire reste entièrement propriétaire des biens qui lui appartenaient avant le Pacs, de ceux qu'il reçoit par donation ou héritage ainsi que de ceux qu'il crée au cours du Pacs (un fonds de commerce par exemple). Cependant, par convention dite « modificative », les intéressés peuvent opter pour le régime de la séparation de biens prévue par la loi du 23 juin 2006.

➤ Testament impératif

AU DÉCÈS D'UN DES PARTENAIRES, LE SURVIVANT A LE DROIT DE RESTER DANS LE LOGEMENT PENDANT UN AN comme le conjoint d'un couple marié *(voir page 31)*. Ainsi, lorsque le logement appartenait intégralement au défunt ou à lui et à son partenaire, celui-ci peut rester dans les lieux pendant un an et cela gratuitement. S'il était loué, les héritiers devront prendre en charge les loyers. Mais par testament, les partenaires de Pacs peuvent se priver de ce droit temporaire au logement ou le limiter (six mois au lieu de un an par exemple).

HORMIS CE DROIT, POUR UNE PROTECTION MAXIMALE, IL FAUT FAIRE UN TESTAMENT. Autrement, les partenaires de Pacs se retrouveraient dans la même situation que les concubins. Avec un testament, en l'absence de descendant, vous pouvez léguer tout ce que vous voulez à votre partenaire (même si vos parents sont en vie). Il n'aura aucun droit à payer, quel que soit le montant de votre succession.

Si vous avez des enfants, vous pouvez par testament lui léguer la quotité disponible, par exemple. Vous pouvez aussi prévoir l'attribution préférentielle du logement familial (et des meubles qui se trouvent dedans). Le partenaire peut alors demander que lui soit attribué le logement moyennant quoi, il devra verser aux héritiers une somme d'argent appelée soulte*.

Le testament peut aussi prévoir un legs au profit du partenaire. Mais pour que celui-ci ne risque pas d'être remis en cause par les enfants du défunt, il ne doit pas dépasser la quotité disponible ordinaire sauf conclusion d'un pacte successoral *(voir page 45)*.

Faire des donations

Entre concubins et partenaires de Pacs, on peut tout à fait se consentir des donations (sauf la donation entre époux) en se souvenant que la donation est un acte irrévocable, même en cas de rupture du couple. Bien réfléchir aussi aux aspects fiscaux.

➤ Avantage au Pacs

Le régime des donations entre partenaires de Pacs est désormais aligné sur celui des couples mariés ; c'est-à-dire qu'ils sont calculés après avoir appliqué un abattement de 79 222 € sur la valeur de la donation. Au-delà, la taxation est la même que pour les époux *(voir page 195)*. Cet abattement se reconstitue tous les six ans. On peut donc donner jusqu'à 79 222 € tous les six ans sans avoir de droits à payer.

➤ Concubins : fiscalité lourde

En revanche, le concubin non pacsé verra la valeur totale de la donation taxée intégralement, au taux de 60 %. Pour faire baisser la note, mieux vaut faire les donations avant d'avoir 70 ans ; le montant des droits est alors réduit de 50 %. Cette réduction tombe à 30 % pour un donateur âgé de moins de 80 ans (aucune réduction à partir de 80 ans). Cet avantage est accordé pour la donation de l'usufruit d'un bien ou de la pleine propriété. Pour la donation de la nue-propriété ou d'un droit d'usage et d'habitation, le taux de la réduction est de 35 % si le donateur a moins de 70 ans, et de 10 % s'il a entre 70 et 80 ans.

Exemple : Jean donne un appartement d'une valeur de 120 000 € à sa compagne Jeanne, sans avoir conclu de Pacs avec elle. S'il réalise la donation alors qu'il a 80 ans, les frais de donation seront égaux à 60 % de 120 000 €, soit 72 000 €. S'il a 69 ans, une réduction de 50 % sera appliquée sur les frais de donation ;

leur montant sera donc de 36 000 €. S'il a entre 70 et 79 ans, la réduction ne sera que de 30 % ; les frais seront de 50 400 €.
Si Jean et Jeanne se pacsent, un premier abattement de 79 222 € est pratiqué sur les 120 000 € de la valeur de l'appartement. Ne seront taxés que les 40 778 € restants, en fonction de l'âge de Jean au moment de la donation. Ainsi, selon le barème de la page 000, si Jean attend 80 ans pour donner, il y aura 5 414,10 € de droits à payer. S'il a entre 70 et 79 ans, les frais seront réduits de 30 %, soit un droit de 3 789,87 € à payer. Et s'il donne avant 70 ans, la réduction est de 50 % ; le droit tombe alors à 2 707,05 €.

Vous pouvez aussi ne donner que l'usufruit d'un bien ; les droits seront moins élevés, car ils seront alors calculés sur la valeur de l'usufruit et non la valeur du bien *(voir page 195)*. Dans tous les cas, si vous avez des enfants, vous ne pouvez pas donner plus que la quotité disponible, c'est-à-dire plus de la moitié de votre patrimoine si vous avez un enfant, un tiers si vous en avez deux, un quart si vous en avez trois et plus. Car si la donation faite à votre concubin dépasse cette quotité, vos enfants pourront, à votre décès, demander sa réduction. Sauf s'ils ont accepté de signer un pacte successoral, par lequel ils renoncent à engager une telle action et acceptent, par avance, de ne pas recevoir leur part de réserve *(voir page 45)*.

Tout prévoir dans un testament

Au lieu de vous dépouiller de façon irrévocable, vous pouvez protéger l'avenir de votre concubin en utilisant le testament. Celui-ci a l'avantage d'être révocable et adaptable en fonction de l'évolution du couple.

D'UNE GRANDE SOUPLESSE, LE TESTAMENT VOUS PERMET DE FAIRE CE QUE VOUS VOULEZ, à condition de respecter les droits des héritiers réservataires (vos enfants) – sauf, bien sûr, si ces derniers ont accepté de signer un pacte successoral. En l'absence d'enfants, vous pouvez faire de votre concubin votre légataire universel ; il recueillera ainsi toute votre succession. Si vous avez des enfants, il pourra être légataire à titre universel et recevoir la quote-part de vos biens dont vous pouvez disposer librement. Pour un couple pacsé, le testament peut permettre d'attribuer le logement familial de façon préférentielle au partenaire survivant (*voir ci-dessus*).

Si vous êtes pacsé, votre partenaire n'aura aucun droit à payer sur cet héritage, quelle que soit la valeur de celui-ci. En revanche, un concubin non pacsé devra céder une large part de ce qu'il reçoit au fisc. En effet, les droits seront calculés sur la base de la valeur de sa part de succession, après application d'un abattement modeste de 1 564 €. Sur cette part taxable, le taux d'imposition est de 60 %. Peu importe l'âge du testateur, aucune réduction n'est appliquée. Pour réduire cette imposition, vous pouvez choisir de lui léguer seulement l'usufruit d'un bien (*voir page 109*).

Souscrire un contrat d'assurance vie

C'est assurément le moyen le plus efficace pour transmettre un capital à son concubin en bénéficiant d'une fiscalité allégée. Si vous avez conclu un Pacs, votre partenaire n'aura aucune taxe à payer sur le capital qu'il recevra. S'il s'agit de votre concubin, il peut recevoir jusqu'à 152 500 € sans payer d'impôt à condition que vous procédiez aux versements avant vos 70 ans.

➤ Avantages et précautions

Si vous n'avez pas d'enfant, votre concubin pourra bénéficier du capital sans contestation possible. Sinon, il faut agir avec prudence. En effet, les capitaux qui reviennent au bénéficiaire de l'assurance vie sont hors succession. Il n'en est donc pas tenu compte pour savoir si la part d'héritage réservée aux enfants n'a pas été entamée. Cependant, si vos enfants (éventuellement nés d'une première union) considèrent que l'avantage que vous avez consenti à votre concubin est trop important par rapport à votre patrimoine, ils pourront demander en justice qu'une partie des sommes que vous avez placées sur le contrat soit réintégrée dans la succession.

Si vos versements sont réalisés après vos 70 ans, ils ne sont exonérés que dans la limite de 30 500 €, tous contrats d'assurance vie et tous bénéficiaires confondus (*voir page 90*). L'assurance vie est, en outre, très souple pour vous. Car vous pouvez récupérer votre argent si vous le souhaitez et changer le bénéficiaire si nécessaire. Attention ! Pensez à modifier la clause type du contrat d'assurance vie qui donne comme bénéficiaire le conjoint et les enfants mais pas le concubin (sur la rédaction de la clause bénéficiaire, *voir page 121*).

➤ Miser sur l'assurance prévoyance

En l'absence d'économies à placer sur un contrat d'assurance vie, ou si on ne peut pas épargner, il peut être intéressant de souscrire une assurance décès pour assurer à ses proches (notamment son concubin) un capital ou une rente en cas de disparition. Attention, il ne s'agit pas d'un produit d'épargne, mais d'assurance pure ! Vous vous assurez pour un risque : le décès. S'il ne survient pas pendant la période couverte, vous aurez cotisé pour rien. En cas de décès pendant la période couverte, le capital est versé au bénéficiaire désigné, sans droits de succession à payer dessus. Le montant de la cotisation à payer varie en fonction du capital que vous désirez voir versé au bénéficiaire, ainsi que selon votre âge et état de santé. Plus le souscripteur est jeune et en bonne santé, moins la cotisation est élevée.

Donner ou léguer l'usufruit

POUR ASSURER UNE PROTECTION À VOTRE CONCUBIN EN MINIMISANT LES FRAIS FISCAUX, vous pouvez recourir à la donation ou à un legs d'usufruit sur un ou plusieurs éléments du patrimoine (par exemple le logement familial) ou sur sa totalité. L'usufruit permet au concubin survivant de conserver par exemple le logement ou de le donner en location pour en tirer des revenus (les loyers). Les droits dus au fisc seront calculés sur la valeur de l'usufruit, laquelle dépend de l'âge du bénéficiaire *(voir tableau page 105),* avec un abattement de 1 564 €. Ainsi, si le bénéficiaire a moins de 61 ans, la part de l'usufruit est de 50 % ; 40 % entre 61 et 71 ans ; 30 % entre 71 et 81 ans, etc.

Exemple : au décès de son concubin, Marie a 75 ans. Le défunt lui a légué l'usufruit de sa résidence principale, dont la valeur est estimée à 150 000 €. La valeur de l'usufruit se monte à 45 000 € (30 % de 150 000 €), sur lesquels on applique un abattement de 1 564 €. La base de calcul des droits de succession est donc de : 45 000 € – 1 564 € = 43 436 €, sur lesquels Marie paie 60 % de droits, soit 26 061 €.

L'USUFRUITIER DOIT ASSUMER L'ENTRETIEN DU BIEN. En revanche, il appartient aux nus-propriétaires, bien souvent les enfants du défunt, de prendre en charge les gros travaux. Lorsqu'il règne une bonne entente entre nus-propriétaires et usufruitier, tout se passe bien. Sinon la situation peut être pénible. Elle l'est d'autant plus si le bien est dans un état tel qu'il constitue une charge financière pour les enfants, alors qu'ils n'en deviendront propriétaires à part entière qu'au décès de l'usufruitier – c'est-à-dire dans des années, si ce dernier est jeune… En cas de conflit, voilà une situation qui risque de se bloquer complètement si chacun campe sur ses positions ; l'usufruitier ne peut être mis à la porte, le logement ne peut être vendu sans l'accord des deux parties.

Léguer un droit d'usage et d'habitation

Autre solution pour alléger les droits à payer : un concubin peut léguer à son compagnon ou sa compagne un droit d'usage et d'habitation, sur le logement familial par exemple. Le concubin peut alors rester dans les lieux jusqu'à la fin de sa vie ; mais il ne peut pas mettre le logement en location et garder les loyers. De même, il perd son droit s'il quitte les lieux pour partir en maison de retraite par exemple. Les droits de succession à payer sont moins élevés, car ils sont calculés sur 60 % de la valeur de l'usufruit. Mais pour les héritiers, ce dispositif présente les mêmes inconvénients que l'usufruit.

À retenir

Les mesures pour avantager le concubin

Mesures	Avantages	Inconvénients
Pacte civil de solidarité (Pacs)	- Le partenaire de Pacs hérite sans droit à payer. - De même, il reçoit le capital d'une assurance vie en franchise d'impôt. - Abattement de 79 222 € sur les donations. - Il a un droit d'occupation d'un an sur le logement.	- Le partenaire de Pacs n'est pas héritier ; il faut établir un testament.
Donation	- En l'absence d'enfant, le concubin peut donner autant qu'il le souhaite.	- Fiscalité très pénalisante quand les concubins ne sont pas pacsés.
Testament	- Il permet de faire du sur-mesure et d'éviter les conflits familiaux. - Acte pas ou peu coûteux.	- Fiscalité très pénalisante quand les concubins ne sont pas pacsés.
Assurance vie	- Elle permet de donner à son concubin non pacsé jusqu'à 152 500 € en franchise d'impôt à condition d'opérer les versements avant 70 ans. - Le concubin pacsé recevra le capital sans droits à payer.	- En présence d'enfants, le montant des primes ne doit pas être trop élevé par rapport à la capacité financière du souscripteur. Sinon, réintégration possible dans la succession.

Transmettre à vos enfants

En matière d'héritage, le principe de base est clair : les enfants sont prioritaires et traités à égalité, même si aucune disposition particulière n'a été prise. Et, sauf successions très importantes, ils héritent désormais le plus souvent sans avoir de droits à payer. Si vous avez aussi les moyens financiers de les aider de votre vivant, vous disposez donc d'une marge de manœuvre importante. Mais au nom de l'équité et de la paix des familles, mieux vaut prendre quelques précautions…

Les règles de l'héritage vous donnent divers moyens de transmettre votre patrimoine à vos enfants, qu'il s'agisse de leur donner un coup de pouce de votre vivant ou de préparer l'avenir, pourvu que vous gardiez à l'esprit ce principe de base : les enfants sont toujours prioritaires et ils héritent de leurs parents à parts égales. Cela reste vrai même si vous ne prenez aucune disposition particulière à leur égard et quel que soit leur statut juridique : qu'ils soient nés dans ou hors mariage, ou qu'ils aient été adoptés *(voir page 27)*.

La loi leur est aussi favorable en termes fiscaux, puisqu'au décès de chaque parent, chaque enfant peut aujourd'hui recevoir 156 359 € sans avoir aucun droit à payer. Attention : cette franchise ne joue à plein que si aucune donation n'a été faite dans les six ans précédant l'ouverture de la succession *(voir pages 72 et 115)*.

Faire des donations

Aujourd'hui, les donations entre parents et enfants sont largement encouragées : même avec un patrimoine important, on peut aider ses enfants de façon très significative sans payer de droits, à condition de respecter un certain nombre de règles. Et cela, que vous souhaitiez préserver l'égalité entre tous vos enfants ou au contraire en avantager un.

➤ Égalité ou avantage ?

Vous tenez à respecter une égalité stricte. Un de vos enfants traverse des difficultés financières, et vous souhaitez lui donner une somme d'argent. Mais vous ne pouvez pas, sans vous démunir, offrir la même chose à ses frères et sœurs. Comment faire pour que l'égalité soit rétablie au moment de la succession ? Si vous lui faites une donation sans rien préciser, elle sera considérée comme étant une avance sur l'héritage. Il en sera tenu compte au moment de la succession pour le calcul de sa part de réserve, mais aussi pour savoir s'il n'a pas reçu plus que les autres enfants *(sur la règle du rapport, voir pages 62-63)*.

Attention : pour calculer la réserve, on retient la valeur de la donation au jour du décès ; mais on retient cette valeur au jour du partage* pour déterminer la part d'héritage qui doit revenir à l'enfant bénéficiaire de la donation. Or, en fonction de la nature de ce que vous avez donné (somme d'argent, portefeuille de valeurs mobilières ou biens immobiliers) et de l'usage qui en a été fait, la donation peut être perçue comme un avantage trop important par les autres héritiers, ou un désavantage pour celui qui l'a reçue.

Exemple : il y a plusieurs années, Pierre a donné une somme d'argent de 30 000 € à chacun de ses deux fils, Olivier et Rémi. À son décès, chaque enfant désire récupérer sa part d'héritage sans qu'aucun bien reste en indivision*. La date du partage est donc très proche de la date du décès. Pour calculer la part qui revient à chacun, le notaire va prendre en compte l'argent donné, mais aussi les gains qu'il a produits s'il a été placé. Olivier s'est servi du don pour faire le tour du monde ; Rémi, pour acheter un logement qui, depuis, a doublé de valeur. Le notaire va donc considérer que le premier n'aura reçu que 30 000 €, mais que le second a reçu le double (60 000 €). Cela diminuera d'autant la part qu'il pourra prélever sur l'héritage restant. Dans le pire des cas, Rémi peut même être amené à verser une somme d'argent à son frère (une soulte*), c'est-à-dire en quelque sorte partager la plus-value réalisée.

Imaginons, par exemple, que la succession représente 20 000 € avant prise en compte des donations. Si l'on reconstitue le patrimoine du défunt, celui-ci représente 110 000 € (20 000 € + 30 000 € + 60 000 €). Comme Pierre n'a pas d'autres héritiers que ses deux enfants et n'a pris aucune disposition particulière pour avantager l'un d'eux, chacun doit recevoir 55 000 €. Or Rémi a déjà reçu 60 000 €, il devra donc 5 000 € à Olivier.

Ainsi, quand le patrimoine le permet, pour éviter cet inconvénient, il est préférable d'organiser une donation-partage *(voir page 67)*.

Vous souhaitez avantager l'un de vos enfants : la donation que vous lui consentez doit venir en plus de sa part d'héritage. Pour cela, vous devez le préciser dans l'acte de donation fait devant notaire. Pour que la donation ne puisse pas être remise en question par ses frères et sœurs au moment de la succession, son montant ne doit pas dépasser la quotité disponible (la part de votre patrimoine dont vous pouvez disposer librement). Si le don est d'une valeur supérieure, les frères et sœurs pourront faire une demande en réduction* afin que l'enfant favorisé leur reverse ou redonne de quoi reconstituer leur réserve. Pour contourner cette difficulté, par exemple pour assurer l'avenir d'un enfant handicapé, il est possible de signer un pacte successoral *(voir page 45)*.

➤ Une somme de 31 272 € en franchise d'impôt

Chaque parent peut donner une somme d'argent allant jusqu'à 31 272 € à chacun de ses enfants sans aucun droit à payer. Vous ne pouvez profiter de cette exonération qu'une seule fois et à une double condition : que vous ayez moins de 65 ans au moment où vous faites la donation et que votre enfant ait au moins 18 ans. Le don peut être réalisé devant notaire ou non. Mais dans ce dernier cas, le bénéficiaire devra se charger de le déclarer dans le mois qui suit au service des impôts de son domicile. Si vous souhaitez que ce don d'argent vienne en plus de la part d'héritage du bénéficiaire, il faut faire la donation devant notaire.

➤ 156 359 € tous les six ans

En plus de ces 31 272 €, chaque enfant peut recevoir jusqu'à 156 359 € de chacun de ses parents, sans droit à payer et cela tous les six ans.

Exemple : François et Sophie ont une fille unique, Aude. En 2009, François lui donne une somme d'argent de 31 272 €, plus un studio d'une valeur de 150 000 €. Sophie lui donne aussi 31 272 € et un portefeuille de valeurs mobilières 156 359 €. Aude reçoit donc l'équivalent de 368 903 € sans droits à payer.

Dans six ans, François et Sophie pourront lui redonner chacun 156 359 € (même plus, le montant de l'abattement étant revalorisé chaque année).

Si la donation porte sur un bien d'une valeur supérieure à 156 359 € (par exemple un bien immobilier), elle doit être faite avant que le donateur n'atteigne ses 80 ans. Car une réduction variant selon l'âge sera alors appliquée sur le montant des droits *(voir page 195).*

Autre possibilité : donner la nue-propriété* d'un bien et se réserver l'usufruit. C'est un bon moyen de réduire la note fiscale : les droits de donation sont calculés sur la valeur de la nue-propriété, elle-même déterminée en fonction de la valeur de l'usufruit *(voir page 195).* Mais comme « coup de pouce », c'est moins intéressant, puisqu'il s'agit d'un droit en devenir : les enfants nus-propriétaires devront attendre le décès de leur parent pour devenir pleinement propriétaires du bien.

Rappel : donner pour entreprendre

Pour aider un enfant (ou un petit-enfant) à créer une entreprise, vous pouvez lui faire un don. Jusqu'au 31 décembre 2010, celui-ci est exonéré de droits, dans la limite de 30 000 € par bénéficiaire. Celui-ci doit être majeur et utiliser l'argent dans les deux ans qui suivent pour souscrire au capital d'une PME ou acheter des biens affectés à l'exploitation d'une entreprise individuelle. Il doit, en outre, s'engager à travailler dans l'entreprise pendant cinq ans.

La donation-partage

Elle permet d'anticiper le règlement de la succession en organisant de son vivant la répartition de ses biens entre ses héritiers. Le dispositif est avantageux : il évite les litiges au moment de la succession et fige la valeur du patrimoine donné à la date de la donation-partage pour savoir si chacun des héritiers réservataires a bien reçu sa part de réserve (la part minimale d'héritage à laquelle il a droit de par la loi), alors que pour une donation ordinaire, on retient la valeur du ien donné au jour du décès. Mais pour cela, la donation doit concerner tous les enfants, et les parents ne doivent pas garder l'usufruit d'une somme d'argent (voir pages 67 et 119). Dans ces conditions, si chaque enfant reçoit un lot de valeur équivalente, il ne sera pas nécessaire de reparler des biens donnés, même au moment du décès du donateur, quelle que soit la valeur que ces biens aient pu gagner ou perdre d'ici là.

➤ Le risque

Toutefois, la donation-partage présente un risque : trop donner et connaître des difficultés financières pour financer son train de vie quand on est plus âgé, notamment en cas de perte d'autonomie ou de départ en maison de retraite. Garder pour soi l'usufruit de sa résidence principale ne suffit pas à éviter ce danger. Certes, cela permet de continuer à profiter du bien pour y vivre ou en recevoir des revenus (s'il est mis en location) ; mais cela interdit de le vendre sans autorisation des enfants nus-propriétaires. Ces derniers, s'ils acceptent la vente, ont droit à une partie du prix, variable selon l'âge de l'usufruitier *(voir page 196)*.

Conseil

Ne pas trop se démunir…
Trop donner est un risque qui existe avec toutes les donations. Mais il peut être plus grand encore avec la donation-partage, car le souci de constituer des lots équivalents pour les enfants peut inciter à se montrer plus généreux que prévu. Attention à vous garder un capital suffisant pour en disposer librement et pouvoir y puiser si nécessaire pour boucler vos fins de mois.

➤ Organiser la donation

La donation-partage permet de gratifier plusieurs enfants en même temps et de partager une partie de ses biens entre eux. Si l'un d'eux est décédé, ses propres enfants peuvent prendre sa place dans la donation-partage. Désormais, on peut même faire une donation-partage avec son enfant unique et ses petits-enfants. La donation est réalisable sur deux voire trois générations *(voir page 125, la donation-partage transgénérationnelle).*

Veillez à y intégrer tous vos enfants : dès qu'un enfant n'y participe pas, parce que vous l'avez exclu ou qu'il n'accepte pas le partage proposé, les biens attribués dans le cadre de la donation-partage sont évalués au jour du décès pour calculer le montant de la part de réserve de chaque enfant.

Avec la donation-partage, vous pouvez donner tous types de biens : des meubles, des biens immobiliers, des titres, de l'argent... Cette donation peut consister à transférer la propriété de biens ou seulement la nue-propriété. Vous pouvez, par exemple, garder l'usufruit de certains éléments de votre patrimoine, prévoir qu'à votre décès cet usufruit reviendra à votre conjoint, et décider que les gros travaux seront à sa charge et non à celle de vos enfants nus-propriétaires. Attention, garder l'usufruit d'une somme d'argent supprime aussi l'intérêt principal de la donation-partage : pour calculer la réserve, on retiendra la valeur de tous les biens donnés au jour du décès.

> ***Conseil***
>
> **Si un nouvel enfant paraît.**
>
> Si un enfant naît après qu'une donation-partage a été consentie à ses frères et sœurs, les biens attribués dans ce cadre sont évalués au jour du décès (et non au jour de la donation) pour calculer la réserve. Pour y remédier, vous pouvez refaire une nouvelle donation-partage en y réincorporant les donations passées *(voir ci-dessous).*

➤ Composer les lots

L'opération est complexe car la composition du patrimoine ne permet pas forcément toutes les combinaisons. Tout dépend d'abord de ce que vous voulez faire : traiter vos enfants à égalité ou avantager l'un d'eux.

Vous souhaitez faire une donation de même valeur à tous vos enfants, alors que vos biens ne vous permettent pas de composer des lots équivalents. Vous pouvez prévoir que l'enfant le mieux doté verse une soulte* en argent à ses frères et sœurs pour rétablir l'équilibre. Deux parents, s'ils sont mariés, peuvent aussi consentir ensemble une donation-partage, ce qui permet d'accroître la masse des biens à répartir et de constituer plus facilement des lots équitables. La donation-partage est alors dite « conjonctive ». Avec ce système, par exemple, les parents ont le droit d'attribuer un bien commun à un premier enfant né de leur union, tandis que le deuxième recevra un bien propre de son père et le troisième, un bien propre de sa mère, sans que cela soit pénalisant sur le plan fiscal *(pour les familles recomposées, voir page 47)*. Les abattements dont profitent les enfants sont en effet calculés sur l'ensemble des biens donnés, indépendamment de la façon dont ils sont ensuite répartis entre les bénéficiaires. Dans un couple marié, chacun des parents peut ainsi donner à chaque enfant jusqu'à 156 359 € sans avoir de droits à payer. Soit 312 718 € chacun avec deux enfants, 469 077 € avec trois enfants, etc.

Exemple : Pierre et Jeanne veulent partager leurs biens entre leurs deux enfants, Paul et Mathilde. Ils possèdent en commun un appartement d'une valeur de 250 000 €. Pierre a, de son côté, une maison héritée de sa mère, d'une valeur de 300 000 €, et Jeanne, un studio de 70 000 €. La donation-partage conjonctive leur permet de donner chacun jusqu'à 312 718 € à chacun des enfants sans droits à payer. Mathilde reçoit la maison de 300 000 €, et Paul le studio et l'appartement possédé en commun par ses parents (soit l'équivalent de 320 000 €). Mathilde n'aura aucun droit à payer, tandis que Paul ne sera taxé que sur 7 282 € (320 000 €-312 718 €).

VOUS POUVEZ AUSSI CONSTITUER DES LOTS DE VALEUR INÉGALE. Cela ne change rien aux effets de la donation-partage : il ne sera pas nécessaire de réévaluer les biens donnés au décès du donateur. Si l'on souhaite ainsi avantager un enfant par rapport à un autre, il suffit de prévoir dans l'acte de donation que ce qu'il reçoit de plus que les autres lui est attribué « hors part successorale » (c'est-à-dire en plus de sa part), sur la quotité disponible du donateur. En revanche, si les parents désirent à terme maintenir l'égalité entre les enfants, il est possible de convenir que le déséquilibre accepté lors de la donation-partage sera compensé plus tard, lors de la succession par exemple.

➤ Le sort des donations passées

Vous avez déjà, dans le passé, consenti des dons manuels ou fait donation de certains biens à un ou plusieurs de vos enfants ? Vous pouvez quand même organiser une donation-partage, en demandant aux enfants bénéficiaires de réincorporer dans cette nouvelle donation les biens qu'ils ont déjà reçus. Ainsi, la valeur des biens donnés, qui aurait dû être réévaluée à votre décès, sera dans ce cas figée à la date de la donation, partage. À votre guise, vous pouvez profiter de cette nouvelle donation-partage pour remettre à plat les donations faites dans le passé à chacun de vos enfants (cela, bien sûr, sans nouveaux droits à régler), ou en profiter pour leur redonner d'autres biens ou de l'argent en plus à tous ; vous pouvez aussi choisir, par exemple, de donner seulement à ceux qui n'ont pas encore profité de votre générosité. Il est même possible « d'échanger » des biens déjà donnés. Si vous aviez fait donation d'un appartement à l'un de vos enfants, et que, les années passant, il apparaît qu'un autre lui serait plus utile, cet enfant peut « ramener » le bien reçu en échange d'un autre, et vous pourrez ainsi le réattribuer à un autre de vos enfants. Il ne sera pas nécessaire de payer à nouveau les droits de donation.

➤ Les donations-partages dans les familles recomposées

Pour traiter à égalité les enfants communs et ceux nés d'une précédente union, le couple peut désormais recourir à la donation-partage. Cela a souvent plus de sens pour la famille et simplifie la constitution des lots, qui serait plus délicate si chaque parent devait de son côté faire une donation-partage entre ses seuls enfants. Mais au moment de constituer les parts des demi-frères et demi-sœurs, il faut faire attention à la fiscalité. Un parent peut donner à un de ses enfants par le sang, même s'il est né d'une précédente union, un bien commun au couple, sans que cela soit fiscalement pénalisant : l'enfant bénéficiera de l'abattement de 156 359 € et les droits de donation éventuels seront calculés selon le barème applicable entre parent et enfant. En effet, le fisc considère que seul le parent par le sang a donné ce bien, et que le conjoint, même s'il est aussi propriétaire de la moitié, est intervenu seulement pour donner son accord. L'enfant bénéficie bien sûr de ce même régime fiscal s'il reçoit un bien propre de son parent. En revanche, il faut éviter qu'il reçoive un bien personnel de son beau-père ou de sa belle-mère, car faute de liens du sang entre eux, il paierait alors des droits de donation au taux de 60 % et sans aucun abattement.

L'assurance vie

Au décès du souscripteur d'un contrat d'assurance vie, le capital est versé aux bénéficiaires qu'il a désignés. Les sommes ainsi transmises ne font pas partie de la succession. On n'en tient donc pas compte pour établir le montant de la réserve et de la quotité disponible. Avantage supplémentaire, elles échappent à toute imposition dans la limite de 152 500 € par bénéficiaire (autre que le conjoint ou le partenaire de Pacs qui ont droit à une exonération totale), si le souscripteur a alimenté son contrat avant ses 70 ans. Les sommes dépassant ce plafond sont soumises à une taxe de 20 %.

Exemple : Vincent a souscrit, en 2000, un contrat d'assurance vie sur lequel il a versé la somme tirée de la vente de l'appartement de ses parents. Il avait alors 65 ans. Il a désigné comme bénéficiaires ses deux enfants, Julie et Michel. À son décès, en 2009, le capital représente 400 000 €. Chacun des enfants a droit à 200 000 € dont 47 500 € (200 000 € – 152 500 €) subiront une taxation à 20 %. Chacun recevra donc 190 500 € nets.

Par le biais de l'assurance vie, il est possible de favoriser un seul enfant, le capital venant en plus de sa part de réserve dans la succession. Il ne faut cependant pas que les sommes investies sur le contrat soient trop importantes par rapport au patrimoine global. En effet, si les autres enfants, héritiers réservataires, s'estiment lésés, ils peuvent demander en justice une réintégration dans la succession de tout ou partie des sommes versées.

Conseil

Vérifier soigneusement le libellé de la clause bénéficiaire. Si vous désirez que le capital soit réparti entre vos enfants, il est conseillé de préciser « mes enfants nés ou à naître, vivants ou représentés » plutôt que d'indiquer seulement « mes enfants » : si l'un d'eux décède, les petits-enfants du souscripteur ne peuvent pas remplacer leur père ou mère décédé.

Protéger un enfant handicapé

Comment, sans pénaliser les autres enfants, assurer l'avenir financier d'un enfant handicapé qui ne peut subvenir à ses besoins ? Il est naturellement possible d'utiliser la quotité disponible au profit de l'enfant vulnérable pour lui assurer plus que sa part de réserve. Mais on peut aujourd'hui faire davantage, en lui accordant, par donation ou testament, des biens dont la valeur est supérieure au total de sa part de réserve et de la quotité disponible. Il faut pour cela signer en famille un pacte successoral, par lequel les frères et sœurs acceptent par avance que la personne handicapée soit favorisée et s'engagent à ne pas le remettre en cause, même s'ils doivent pour cela renoncer à une partie de leur héritage *(voir page 45)*. Pour que la fratrie ne soit pas désavantagée, la mesure peut être conjuguée à une donation résiduelle ou graduelle.

➤ La donation graduelle ou résiduelle

Il est ainsi possible de prévoir que les biens reçus par le premier bénéficiaire devront, à son décès, revenir à certaines personnes nommément désignées (ses frères et sœurs par exemple). Il s'agira d'une donation graduelle (seulement possible sur la quotité disponible), si le donateur interdit au premier bénéficiaire de vendre le bien. Sinon, il s'agira d'une donation résiduelle : le premier bénéficiaire n'est pas obligé de conserver le bien reçu ; à son décès, le second bénéficiaire en recevra ce qu'il en reste.

> ***Conseil***
>
> **Risque de charge excessive**. La donation graduelle exige du bénéficiaire qu'il garde obligatoirement le bien jusqu'à son décès. Il ne peut ni l'hypothéquer, ni le vendre, ni le donner, même si le bien ainsi reçu constitue une véritable charge financière pour lui. Il est donc souhaitable de ne pas l'utiliser seule, sauf à donner en même temps les moyens d'entretenir le bien ainsi transmis (en la combinant à un capital d'assurance vie, par exemple).

Outre qu'elle permet de maintenir certains biens dans la famille, cette donation en deux temps peut aussi offrir un avantage fiscal. Les droits de donation dus par le premier bénéficiaire sont calculés en fonction du lien qu'il a avec le donateur. Il en va de même pour le second, et les droits qu'il a à payer sont diminués de ceux acquittés lors de la première transmission.

Exemple : Lucie fait une donation résiduelle au profit de son fils handicapé, Jean, à charge pour lui de transmettre à son neveu Robin (le petit-fils de Lucie) ce qui restera du bien donné. Jean acquittera éventuellement des droits de donation sur le bien reçu de sa mère. Lorsque Robin recevra le bien (ou ce qu'il en reste) objet de la donation résiduelle, il acquittera les droits applicables aux donations et succession en ligne directe, déduction faite des droits éventuellement payés lors de la première transmission.

➤ DEUX TYPES DE PLACEMENTS

Le contrat de rente survie peut être souscrit par les parents d'une personne handicapée ou par un membre de sa famille, jusqu'au troisième degré inclus (frère, sœur, oncle, tante, neveu ou nièce). Il garantit à la personne le versement d'un capital ou d'une rente viagère au décès de l'assuré.
Le bénéficiaire doit être atteint d'une infirmité qui l'empêche de se livrer à une activité professionnelle dans « des conditions normales de rentabilité » ou, s'il est âgé de moins de 18 ans, d'acquérir une instruction ou une formation professionnelle ordinaire. La rente viagère permettra à la personne handicapée d'avoir des revenus, après le décès de ses parents, sans risque de perdre le bénéfice des éventuelles allocations qu'elle reçoit.
Signalons aussi le contrat d'épargne handicap, souscrit par la personne handicapée elle-même. Il garantit le versement d'un capital ou d'une rente à l'issue d'un délai maximal de six ans. Le souscripteur (parent ou personne handicapée elle-même) d'un contrat de ce type bénéficie d'une réduction d'impôt de 25 % sur les sommes versées annuellement, dans la limite d'un plafond de 1 525 € par an majoré de 300 € par enfant à charge. Ce plafond s'applique à l'ensemble des contrats de rente survie ou d'épargne handicap souscrits par les membres du foyer fiscal.

À retenir

Les mesures pour transmettre à ses enfants

Mesures	Avantages	Inconvénients
Donation	- Chaque parent de moins de 65 ans peut donner à chacun de ses enfants d'au moins 18 ans une somme d'argent de 31 272 € sans droit à payer. - Chaque parent peut faire une donation à chacun de ses enfants de 156 359 € tous les 6 ans en franchise d'impôt.	Sauf mention contraire dans l'acte, la donation constitue une avance sur la succession. On en tient compte pour établir le montant de la réserve et de la quotité disponible. Pour cela, c'est en principe la valeur de la donation au jour du décès que l'on retient. Si elle dépasse la part de réserve du bénéficiaire, celui-ci peut être amené à verser de l'argent aux autres héritiers.
Donation-partage	- Elle permet de donner et de partager des biens en même temps entre tous les enfants. - La meilleure solution pour éviter les litiges, car, à certaines conditions, elle permet de figer définitivement la valeur des biens donnés pour le calcul de la réserve.	Elle ne produit ses avantages que si elle réunit tous les enfants et que chacun d'eux accepte le lot qui lui est donné.
Assurance vie	- Elle permet de donner à chacun de ses enfants jusqu'à 152 500 € en franchise d'impôt à condition d'opérer les versements avant 70 ans.	En présence d'autres héritiers réservataires, le montant des sommes versées ne doit pas être trop élevé par rapport à la capacité financière du souscripteur. Sinon réintégration possible dans la succession.

Protéger vos petits-enfants

Jusqu'à présent, les grands-parents désireux d'épauler leurs petits-enfants étaient limités par le droit de leurs propres enfants, héritiers réservataires. Depuis 2007, ils disposent d'une plus grande liberté : ils peuvent « sauter » la génération intermédiaire pour transmettre une partie de leur patrimoine à leurs petits-enfants. À condition, naturellement, de bien s'entendre en famille !

De nos jours, les grands-parents vivent souvent assez longtemps pour pouvoir, après avoir aidé leurs propres enfants et dans la mesure de leurs moyens, donner un coup de pouce à leurs petits-enfants et les aider à financer leurs études ou à s'installer. Les donations entre grands-parents et petits-enfants sont désormais largement encouragées : on peut donner des sommes significatives sans frais à payer. Il est même possible d'aller plus loin et d'organiser par avance le partage de sa succession en intégrant ses petits-enfants, avec la donation-partage élargie.

La donation pour aider vos petits-enfants

En théorie, vous pouvez donner à chacun de vos petits-enfants 31 272 € au maximum, en argent, sans droits à payer. Mais les conditions imposées font que bien souvent vous n'allez pas pouvoir profiter de cette opportunité : il vous faut avoir moins de 65 ans et le bénéficiaire au moins 18 ans… Ce qui implique d'être grand-parent avant 47 ans !

Vous avez aussi la possibilité de faire la donation d'un bien ou d'une somme d'argent, cette fois-

ci sans condition et toujours sans droits à payer, si la valeur du don ne dépasse pas 31 272 €. L'opération peut être renouvelée tous les six ans. Si le seuil de 31 272 € est franchi, la partie supérieure de la somme sera taxable (voir barème page 197).

Mais attention, à l'égard de vos petits-enfants, vous ne disposez librement que de la quotité disponible. Si vous donnez plus que cette quote-part de votre patrimoine, vos enfants, héritiers réservataires, pourront faire une action en réduction pour obtenir la part d'héritage à laquelle ils ont droit.*

Vous éviterez cet écueil en signant un pacte successoral... si vos enfants sont d'accord. Il permet d'organiser votre succession future, en faisant, par exemple, une donation à un petit-enfant supérieure à la réserve et en engageant la génération intermédiaire (vos enfants) à ne pas la remettre en cause.

➤ Le don manuel

Lorsque vous désirez donner une somme d'argent à un petit-enfant, en liquide, par chèque ou virement, vous pouvez recourir au don manuel en le déclarant au fisc pour faire courir le délai des six ans *(voir page 66)*. Vous économiserez ainsi les frais de notaire, mais pas les droits fiscaux, si la donation est taxable. Attention tout de même ! Il n'est pas forcément judicieux de se priver des conseils d'un notaire notamment si la somme donnée est importante.

Épargner pour ses petits-enfants. Vous désirez mettre de l'argent sur un placement ouvert au nom d'un petit-enfant ? Ainsi, le jour venu, il pourra compter sur un capital pour financer ses études, son permis de conduire... Vous pouvez choisir, par exemple, le livret A, l'épargne logement, l'assurance vie. Si la somme est modeste par rapport à vos moyens et versée à Noël, pour sa fête ou son anniversaire, c'est un simple cadeau non imposable. En revanche, si vous investissez une somme importante, il s'agit d'une donation.

Si vous ouvrez le placement au nom d'un petit-enfant mineur, il pourra en disposer librement à 18 ans. Si vous souhaitez que l'épargne reste bloquée plus longtemps, de nombreuses banques ou compagnies d'assurance proposent une solution : elles vous conseillent de donner une somme d'argent, de déclarer ce don manuel aux impôts *(voir page 66)* et de signer avec les parents un « pacte adjoint » par lequel vous poserez vos conditions. En général, ce pacte prévoit que la somme donnée doit être réinvestie dans un contrat d'assurance vie, sur lequel l'enfant ne devra pas faire de retrait avant, par exemple 25 ans (un âge plus avancé pourrait sembler abusif). En pratique, il est plus sûr de fixer de telles conditions dans une donation en bonne et due forme, signée devant le notaire, même si cette solution est plus coûteuse.

➤ Donner directement aux petits-enfants

Les grands-parents peuvent répartir une partie de leurs biens entre leurs enfants et leurs petits-enfants et même faire un saut de génération et transmettre directement leur patrimoine à leurs petits-enfants. Ce dispositif « transgénérationnel » peut être utilisé par des grands-parents qui ont envie de transmettre des biens, mais dont les enfants disposent déjà de revenus et d'un patrimoine suffisants. L'opération n'est cependant possible que si un double consentement figure dans l'acte de donation-partage : les enfants doivent accepter que leur propre descendance reçoive à leur place et les petits-enfants doivent accepter la donation à leur profit.

L'ÉGALITÉ ENTRE ENFANTS N'EST PAS ROMPUE. C'est une donation où le partage des biens ne se fait pas forcément entre les enfants, mais par souche*, puisque les petits-enfants peuvent recevoir des biens à la place de leurs parents, si ceux-ci le désirent. Au décès des parents, on considérera que chaque enfant a reçu sa part lors de la donation-partage et l'a simplement transmise à ses propres descendants. Que les petits-enfants reçoivent des biens de leurs grands-parents ne complique donc pas la succession.

Exemple : Céline et Alain ont trois enfants. Louis dispose déjà d'un solide patrimoine et préfère que sa part revienne à ses deux enfants. Jean a un fils, mais souhaite conserver au moins une partie des biens donnés par ses parents. Annie a besoin de cette donation pour acheter un logement plus grand car elle vient d'avoir un bébé. Si tout le monde est d'accord, grands-parents, parents et petits-enfants (s'ils sont mineurs, le consentement est donné par les parents), il est possible d'organiser une répartition « sur mesure ». Louis laissera sa part à ses deux enfants.

Jean décidera, par exemple, de garder pour lui la moitié des biens donnés, et de laisser le reste à son fils. Annie conservera tout pour elle.

Pour le calcul des droits. Dans une donation-partage transgénérationnelle, l'impôt éventuel est calculé en fonction du lien de parenté entre le donateur et le bénéficiaire. Si les grands-parents donnent à leur propre enfant, ce dernier bénéficie de l'abattement de 156 359 € (renouvelable tous les six ans). Mais si cet enfant se désiste en faveur de ses enfants (les petits-enfants du donateur), cet abattement ne joue plus. Seul est pris en compte l'abattement prévu pour les donations entre grand-parent et petit-enfant, soit 31 272 € (renouvelable tous les six ans). Au-delà des abattements, les droits de donation sont calculés sur le barème applicable aux donations en ligne directe (le barème est le même que la donation soit faite à un enfant ou à un petit-enfant, *voir page 196*). Si la donation est importante, il est donc intéressant, sur le plan fiscal, de l'attribuer à l'enfant jusqu'à 156 359 € et au petit-enfant au-delà, pour cumuler les deux abattements (156 359 € + 31 272 €). Mais si l'enfant a déjà épuisé son abattement de 156 359 €, lors d'une précédente donation (remontant à moins de six ans), il est fiscalement plus intéressant qu'il laisse sa part à ses propres enfants, pour qu'ils puissent à leur tour profiter chacun de leur abattement de 31 272 €.

Conseil

Pour alléger la facture. La donation-partage transgénérationnelle peut aussi être un bon moyen d'adoucir la facture fiscale, en particulier pour les biens immobiliers qui ont vu bondir leur valeur. Les grands-parents peuvent ainsi donner l'usufruit des biens à leurs enfants et en transmettre la nue-propriété aux petits-enfants. Les premiers profiteront des biens, tandis que les seconds en récupéreront la pleine propriété au décès de leurs parents, sans droits de succession à payer sur les biens concernés.

➤ Match : donation contre donation-partage

Quand les petits-enfants reçoivent des biens dans une donation-partage, ils le font à la place de leurs parents, en avance sur la part minimale d'héritage qui revient de droit à ceux-ci (leur réserve). Le grand-parent reste donc libre d'attribuer tout le reste (la quotité disponible) à d'autres personnes, notamment son conjoint. Sa liberté reste intacte. En revanche, quand un grand-parent consent une donation « classique » à ses petits-enfants, c'est en dehors de la réserve, justement sur cette quotité disponible. Cela réduit la part qu'il peut laisser à d'autres personnes, et donc à son conjoint. De plus, le grand-parent trop généreux risque de ne plus laisser à son décès un héritage suffisant pour que tous les enfants aient droit à leur réserve. Ce qui autoriserait ces derniers à réclamer aux petits-enfants le remboursement de ce qui leur a été donné en trop.

➤ Le testament-partage

Si l'on veut garder ses biens jusqu'à son décès, on peut recourir au testament-partage plutôt qu'à la donation-partage. Mais la solution risque d'être moins avantageuse sur le plan fiscal. En effet, les donations permettent de transmettre progressivement ses biens et de faire le plein des abattements en évitant les droits. Alors que, pour une succession, les petits-enfants et arrière-petits-enfants ne bénéficient que de 1 564 € d'abattement.

L'assurance vie

Elle permet de transmettre un capital à ses petits-enfants, ou à certains d'entre eux, hors succession. On n'en tient donc pas compte pour établir le montant de la réserve et de la quotité disponible. Au décès du souscripteur, si les sommes remises aux bénéficiaires correspondent à des versements opérés par un grand-parent avant ses 70 ans, elles seront exonérées à hauteur de 152 500 € et imposées au taux de 20 % au-delà. Vérifiez soigneusement le libellé de la clause bénéficiaire. Les clauses types mentionnent rarement les petits-enfants comme premiers bénéficiaires.

Faire une donation à ses neveux et nièces

Un neveu ou une nièce peut recevoir 7 818 € sans droits à payer, de son oncle ou de sa tante, par héritage ou donation (dans ce dernier cas, ce droit se renouvelle tous les six ans). En outre, si vous n'avez pas de descendance, vous pouvez donner en argent jusqu'à 31 272 € à chacun de vos neveux et nièces sans droits à payer si vous avez moins de 65 ans et si le bénéficiaire a au moins 18 ans.

Faire une donation à ses frères et sœurs

La donation bénéficie d'un abattement de 15 631 €. Ce droit à abattement se reconstitue tous les 6 ans.

À retenir

Les mesures pour transmettre à ses petits-enfants

Mesures	Avantages	Inconvénients
Donation	- Chaque grand-parent peut faire une donation à chacun de ses petits-enfants de 31 272 € tous les 6 ans en franchise d'impôt. - Chaque grand-parent de moins de 65 ans peut donner à chacun de ses petits-enfants d'au moins 18 ans une somme d'argent de 31 272 € sans droits à payer.	On ne peut donner à ses petits-enfants que la quotité disponible, sauf pacte successoral.
Donation-partage trangénérationnelle	- Elle permet de donner et de partager des biens en même temps entre ses enfants et ses petits-enfants ou de donner directement à ses petits-enfants en faisant un saut de génération. - La meilleure solution pour éviter les litiges, car, à certaines conditions, elle permet de figer définitivement la valeur des biens donnés pour le calcul de la réserve.	Elle implique d'avoir un patrimoine conséquent.
Assurance vie	- Elle permet de donner à chacun de ses petits-enfants enfants jusqu'à 152 500 € en franchise d'impôt à condition d'opérer les versements avant 70 ans.	En présence d'héritiers réservataires, le montant des sommes versées ne doit pas être trop élevé par rapport à la capacité financière du souscripteur. Sinon, réintégration possible dans la succession.

APRÈS LE DÉCÈS

À l'épreuve de la perte d'un être cher, s'ajoutent une série de démarches. Certaines sont obligatoires, à commencer par l'établissement immédiat du certificat de décès. Il faut ensuite, sans attendre, prendre les dispositions nécessaires pour organiser les obsèques, dans le respect des volontés éventuellement exprimées par le défunt. Désarmés et fragilisés, les proches en deuil ont alors tout intérêt à se faire aider par un tiers, ami ou parent éloigné, moins touché par le décès. Autre démarche indispensable : faire rapidement le nécessaire pour régler la succession. Hors des cas bien précis (le défunt avait fait un testament ou une donation, possédait des biens immobiliers ou avait conclu un contrat de mariage), il n'est pas obligatoire de recourir à un notaire. Cela dit, comme les situations de succession peuvent être complexes, le notaire a un rôle clé : il est tout à la fois conseiller, intermédiaire et conciliateur. De son côté, le conjoint survivant doit aussi accomplir un certain nombre de démarches en temps et en heure, pour rester dans le logement, bénéficier de la pension de réversion, récupérer les capitaux placés…

Démarches et obsèques

Au-delà du choc affectif, la mort d'un proche déclenche toute une série de formalités. La première est l'obligation de faire constater le décès par un médecin, le plus rapidement possible. Vient ensuite la déclaration au service d'état civil de la mairie. Enfin, il faut organiser les obsèques. Si le défunt a manifesté des volontés précises à ce sujet, elles sont à respecter scrupuleusement. Sinon, c'est l'entourage qui décide.

Lorsque le décès survient à l'hôpital ou en clinique, le médecin du service concerné établit le certificat de constatation de décès. En maison de retraite, c'est le responsable de l'établissement qui se charge de cette formalité. Bien souvent, il effectue aussi la déclaration à la mairie.

Si le décès survient à domicile, un parent ou un voisin du défunt doit appeler un médecin pour faire établir le certificat de constatation de décès. En cas de mort accidentelle ou de suicide, il faut aussi avertir la gendarmerie ou la police qui dressera procès-verbal des circonstances de la mort.

Une personne de l'entourage doit ensuite se rendre à la mairie du lieu du décès pour déclarer celui-ci dans les 24 heures (non compris week-end et jours fériés). Pour être en mesure de donner des informations précises, il lui faut se munir du certificat de décès, d'une pièce d'identité personnelle et du livret de famille ou de toute autre pièce d'identité du défunt. Il est possible de mandater une entreprise de pompes funèbres pour faire cette démarche.

À la suite de la déclaration en mairie, l'officier d'état civil dresse immédiatement l'acte de décès et en remet plusieurs copies. Ces documents sont essentiels pour prévenir les différents organismes et administrations. Si le nombre d'exemplaires remis se révèle insuffisant, il est possible d'obtenir de nouvelles copies auprès de la mairie du lieu de décès.

Le décès entraînant la dissolution du Pacs, lors du décès d'une personne pacsée, l'officier d'état civil est chargé d'informer le greffier du tribunal d'instance ayant enregistré le Pacs.

L'organisation des obsèques

Si le défunt a indiqué ce qu'il souhaitait (inhumation ou crémation, cérémonie religieuse ou non...) dans un testament ou en signant un contrat d'obsèques, ses volontés doivent être respectées. Et il ne s'agit pas seulement d'une obligation morale : le code pénal punit d'une peine de 6 mois d'emprisonnement et/ou de 7 500 € d'amende, quiconque donne aux funérailles un caractère contraire à la volonté du défunt. En l'absence d'indications données par le défunt, c'est à l'entourage qu'il reviendra de faire des choix.

Notez qu'il existe deux types de contrat d'obsèques. Avec le premier, la famille reçoit un capital, à charge pour elle d'organiser les obsèques. Le second garantit à la fois le financement et la prise en charge du détail de l'organisation des funérailles.

➤ Les délais

En tout état de cause, l'inhumation ou la crémation ne peut intervenir moins de vingt-quatre heures après le décès, ni plus de six jours après (non compris les dimanches et jours fériés).

LORSQUE LA PERSONNE MEURT À SON DOMICILE OU CHEZ UN PROCHE, son corps peut y demeurer jusqu'aux obsèques. Mais la famille peut aussi choisir, avant la mise en bière, de le faire transporter dans une chambre funéraire, à condition que ce soit dans les vingt-quatre heures du décès (quarante-huit heures si le corps a reçu des soins de conservation). Dans ce cas, le recours à un service de pompes funèbres est obligatoire.

POUR UN DÉCÈS À L'HÔPITAL, EN CLINIQUE OU EN MAISON DE RETRAITE, le corps peut être transféré, dans les vingt-quatre heures, au domicile du défunt ou d'un

proche. L'autorisation du maire du lieu du décès est exigée (à Paris, celle du Préfet de police). Les frais sont à la charge de la famille. Mais il est aussi possible de le transporter dans la chambre mortuaire de l'établissement. Celui-ci en possède obligatoirement une dès lors qu'il enregistre un nombre annuel moyen de 200 décès par an. Le transfert et les trois premiers jours en chambre mortuaire sont gratuits. Au-delà, un tarif est fixé par le conseil d'administration de l'établissement.
Lorsque le défunt est transporté avant la mise en bière dans une autre commune que celle où il est mort, une autorisation du maire de la commune du décès est toujours requise. Si le transfert a lieu après la mise en bière, l'autorisation doit être donnée par le maire de la commune du lieu de fermeture du cercueil.

➤ Quelle forme de sépulture ?

L'INHUMATION peut avoir lieu dans le cimetière de la commune du décès, dans celle où le défunt avait sa résidence (principale ou secondaire), dans celle où est situé le caveau de famille. Elle est aussi possible dans une commune où le défunt a vécu longtemps et dans laquelle plusieurs membres de sa famille sont déjà enterrés. Une personne qui ne dispose d'aucune concession et dont les revenus sont modestes sera inhumée en terrain communal, dans une fosse individuelle. Ces emplacements sont fournis gratuitement pendant au moins cinq ans. À l'expiration du délai, la commune peut reprendre le terrain. Si la famille ne fait pas alors procéder à une seconde inhumation à ses frais, le corps est déposé dans un ossuaire.

LE CHOIX DE LA CRÉMATION doit avoir été clairement exprimé de son vivant par le défunt, de préférence par écrit ou dans un contrat obsèques. L'autorisation de crémation est délivrée par le maire de la commune dans laquelle s'est produit le décès ou, si le corps a été transporté, par le maire du lieu de fermeture du cercueil. Il faut, pour la recevoir, produire le certificat médical attestant le décès et l'expression écrite du souhait du défunt (à défaut, la demande de la personne chargée de l'organisation des funérailles suffit). L'urne funéraire contenant les cendres peut être déposée dans un caveau familial, dans une case du columbarium du cimetière. Les cendres peuvent aussi être dispersées dans un espace prévu à cet effet dans le cimetière

(« jardin du souvenir ») ou sur un site spécialement aménagé par la commune ou encore en pleine nature (en mer, à la montagne, à la campagne) mais pas sur la voie publique (y compris les fleuves et les rivières). Mais, elles ne peuvent plus, comme par le passé, être conservées au domicile d'un particulier. Dans l'attente d'une décision des proches quant à leur destination, l'urne cinéraire peut être conservée au crématorium pendant un an au maximum. Au terme de ce délai et en l'absence de décision de la famille, elles sont dispersées dans l'espace aménagé à cet effet du cimetière de la commune du lieu du décès (ou dans l'espace le plus proche aménagé à cet effet).

En cas de dispersion des cendres en pleine nature, la personne chargée des funérailles doit en faire la déclaration à la mairie de la commune du lieu de naissance du défunt. L'identité du défunt ainsi que la date et le lieu de dispersion de ses cendres sont inscrits sur un registre créé à cet effet.

➤ Choisir l'entreprise de pompes funèbres

Une fois les décisions prises quant aux funérailles et au mode de sépulture, il faut choisir une entreprise de pompes funèbres. Leurs prix, non réglementés, sont libres. La famille peut recourir à l'opérateur de son choix, sachant que trois types d'organismes peuvent assurer ces services, pourvu qu'ils soient habilités par le préfet : les régies communales, les entreprises privées ou les associations. La liste de ces organismes est affichée dans les mairies, les locaux d'accueil des chambres mortuaires et les chambres funéraires privées, le démarchage étant interdit.

L'organisme doit remettre à la famille une documentation de base sur ses tarifs. Doivent y figurer les prestations obligatoires et les facultatives. Les premières comportent au minimum : un cercueil avec accessoires intérieurs et extérieurs, la fourniture du corbillard, un service de mise en bière, d'inhumation ou de crémation. Pour les secondes (par exemple, impression de faire-part, de plaques funéraires...), la famille a toute liberté de faire appel à d'autres professionnels.

L'organisme doit établir gratuitement un devis détaillé et chiffré faisant apparaître le prix de chaque prestation obligatoire et facultative, et le prix global TTC. Lorsque le devis est accepté par la famille, il est établi un bon de commande. Aucune prestation ne peut être ajoutée sans l'accord du signataire.

Pour l'organisation d'une cérémonie religieuse, on peut s'adresser directement aux autorités religieuses de la commune, sans que les pompes funèbres servent d'intermédiaire.

Les organismes de pompes funèbres ne limitent pas leurs prestations à la seule organisation des obsèques. Ils peuvent vous proposer de vous aider pour toutes les démarches après le décès, voire les prendre en charge à votre place. Si la perspective de ces procédures vous inquiète et que vous craignez de passer à côté de vos droits, il peut être intéressant de recourir à ces services, après avoir soigneusement analysé et comparé les prix.

Conseil

Prendre le temps de réfléchir. Les prix varient beaucoup d'une entreprise de pompes funèbres à une autre. Certes, le moment n'est pas propice à la mise en concurrence et le temps dont dispose la famille est relativement court, mais il n'est pas inutile de comparer au moins les tarifs de deux entreprises. De fait, mieux vaut que la famille prenne quelques heures pour réfléchir à ce qu'elle souhaite et aurait voulu le défunt, et vérifier le budget dont elle dispose – cela en dehors de la présence du représentant des pompes funèbres. L'idéal, en ce moment difficile, est que le membre de la famille chargé des démarches puisse se faire accompagner par un proche.

➤ Pour régler les frais d'obsèques

Les comptes, livrets et plans d'épargne ouverts au seul nom du défunt sont bloqués dès que la banque a connaissance du décès *(pour un compte joint, voir page 147)*. Les banques acceptent, néanmoins, de débloquer au maximum 3 050 € pour le paiement des frais funéraires, si le compte est suffisamment approvisionné. C'est la société de pompes funèbres qui en fait la demande auprès de la banque.

À retenir

- Lorsque le décès survient au domicile du défunt, les proches doivent faire venir un médecin qui constate le décès. Ils ont ensuite 24 heures pour le déclarer à la mairie.
- Si le défunt avait, de son vivant, organisé ses funérailles, par le biais d'un contrat obsèques par exemple, ses volontés doivent être respectées. Quiconque donne aux funérailles un caractère contraire à la volonté du défunt est passible d'une peine d'emprisonnement et/ou d'amende.
- Si le défunt n'avait pas fait connaître ses volontés, il appartient à la famille de choisir un organisme de pompes funèbres. À défaut, des amis peuvent s'en charger. L'inhumation ou la crémation ne peut intervenir moins de vingt-quatre heures après le décès, ni plus de six jours après. Pour une crémation, mieux vaut que le défunt en ait manifesté le souhait, de préférence par écrit.
- Au-delà des prestations obligatoires (mise en bière, inhumation ou crémation…), les organismes de pompes funèbres peuvent vous proposer différentes prestations, et notamment de vous décharger des démarches suivant le décès. Leurs tarifs sont libres. Si possible, essayez de comparer au moins deux devis.

Recourir au notaire

Pour régler une succession, difficile de se passer du notaire. D'abord, faire appel à ce professionnel est obligatoire lorsque le défunt avait fait un testament ou une donation, possédait des biens immobiliers ou avait conclu un contrat de mariage. Dans tous les autres cas, recourir au notaire n'est pas un passage obligé. Mais cette possibilité d'agir seul est toute théorique si la succession est importante ou les héritiers nombreux.

À quel notaire s'adresser ? Le règlement d'une succession prend parfois de longues années. Mieux vaut donc éviter de perdre du temps en tergiversant sur le choix du notaire. Le plus simple est évidemment de contacter le notaire du défunt, qui a de grandes chances de détenir le testament de l'intéressé si celui-ci a pris de telles dispositions. C'est souvent la personne la plus proche, comme le conjoint survivant ou l'un de ses enfants, qui se présentera à ce premier rendez-vous.

Le rôle du notaire

LE NOTAIRE SE CHARGE DE TOUTES LES FORMALITÉS OBLIGATOIRES, en particulier de la déclaration de succession au fisc à faire dans les six mois suivant le décès. Cela dit, si la succession est d'un faible montant, ne vous croyez pas contraint de passer devant notaire uniquement pour cette démarche. En effet, vous êtes dispensé de déclaration dans les deux cas suivants :

- le défunt ne disposait d'aucun patrimoine ;

- pour une transmission en ligne directe* (enfants, petits-enfants, père et mère, grands-parents), ainsi qu'entre époux et entre partenaires de Pacs, dès lors que le montant brut de la succession est inférieur à 50 000 € (pour les autres héritiers, le seuil est ramené à 3 000 €). Attention : pour être dispensés de déclaration, les intéressés doivent ne pas avoir bénéficié antérieurement, de la part du défunt, d'une donation ou d'un don manuel non enregistré ou non déclaré.

Le notaire établit un certain nombre de pièces telles que :

- l'acte « de notoriété* » grâce auquel on peut justifier de sa qualité d'héritier ; il est notamment à produire auprès des différents organismes avec lesquels le défunt était en rapport tels que les établissements bancaires, les caisses de retraite… Avec ce document, les héritiers peuvent par exemple prélever sur les comptes bancaires, se faire ouvrir un coffre, obtenir le paiement d'arriérés de pensions. Notez que pour une succession simple (lorsque les héritiers sont le conjoint et les enfants du défunt, qu'il n'y a ni contrat de mariage, ni donation entre époux, ni testament, ni bien immobilier) un certificat d'hérédité à demander en mairie permet de prouver la qualité d'héritier et d'obtenir le paiement des sommes versées par le défunt sur un livret de caisse d'épargne, sur un compte, le versement d'une pension de retraite. La somme à récupérer doit être inférieure à 5 335,72 €. Mais la mairie n'est pas obligée de le délivrer, il s'agit là d'une simple pratique administrative ;
- le certificat de mutation : il atteste du droit de propriété d'une ou plusieurs personnes sur un bien déterminé. Il ne peut porter que sur certains biens, notamment les valeurs mobilières ;
- l'attestation notariale qui permet la transmission de la carte grise du véhicule du défunt à un héritier *(voir page 152)* ;
- l'attestation immobilière destinée à être publiée aux hypothèques : elle sert à mettre un immeuble donné au nom de celui qui en hérite.

Le notaire aura vérifié au préalable si le défunt a fait une donation entre époux ou un testament en interrogeant le Fichier central des dispositions des dernières volontés *(voir page 79)*. Il liquide le régime matrimonial du défunt, afin de distinguer la part des biens qui revient au conjoint survivant et celle qui constitue la succession. Il évalue la succession, organise l'indivision entre les héritiers et procède au partage des biens entre eux.

Préparer le premier rendez-vous

Pour ouvrir et régler la succession, le notaire a besoin de nombreux renseignements. Il faudra donc lui fournir plusieurs documents.

Pour accélérer la procédure, il est conseillé de remettre dès la première entrevue l'extrait d'acte de décès qui a été délivré par la mairie, ainsi que le livret de famille indiquant l'identité du conjoint et des enfants héritiers. Pour les partenaires de Pacs, c'est la convention qui devra être présentée. Si le défunt était en instance de divorce ou de séparation de corps, si un contrat de mariage avait été signé entre les époux, si une modification du régime matrimonial est intervenue au cours de la vie commune ou si le défunt avait déjà été marié dans le passé, il faut le signaler et apporter toutes les pièces se rapportant à ces faits. Le précédent livret de famille sera très utile pour identifier les enfants d'un précédent mariage. Pour aider le notaire à établir la liste des donations faites par l'intéressé de son vivant, certaines devant d'après la loi être rapportées dans la succession *(voir pages 59-60)*, les héritiers peuvent lui confier la copie des actes pour les donations notariées et la photocopie des déclarations faites au fisc pour les dons manuels.

En ce qui concerne les biens du défunt, les héritiers auront à signaler notamment les différents comptes bancaires, livrets d'épargne, plans d'épargne... dont le défunt était détenteur. Il faudra communiquer la liste des valeurs mobilières, les coordonnées des prestataires de services d'investissement ou des sociétés de gestion de portefeuille.

Toutes ces informations vont permettre de commencer l'inventaire des biens, et de prendre les dispositions nécessaires pour faire débloquer les fonds bancaires.

Si le défunt possédait des objets d'art et des bijoux, les contrats d'assurance les couvrant contre le vol et l'incendie seront également recherchés. C'est la valeur déclarée dans ces contrats qui servira à l'évaluation des biens.

Tous les titres de propriété des terrains, pavillons, appartements, fonds de commerce détenus par le défunt et son conjoint devront être rassemblés. Même chose pour d'éventuels contrats de location d'appartements ou de maison auxquels il faudra joindre les dépôts de garantie.

Dernières informations à communiquer au notaire : les renseignements concernant les dettes telles que les factures des frais funéraires, avis d'impôts non encore payés, les factures arrivées au nom du défunt, les emprunts en cours.

Si le défunt a fait un testament

Si le notaire est détenteur du testament du défunt, il devra immédiatement en faire connaître le contenu à la famille. Il l'ouvrira et dressera un procès-verbal d'ouverture et de description du testament tout en précisant les circonstances dans lesquelles ce dernier a été déposé à son étude.

Si le notaire du défunt n'a connaissance d'aucune disposition testamentaire, il interrogera le Fichier central des dispositions des dernières volontés qui centralise l'information sur tous les testaments se trouvant entre les mains d'un notaire français et se renseignera auprès des héritiers pour vérifier qu'aucun testament olographe n'a été déposé chez un autre confrère ou n'a été retrouvé au domicile du défunt. À cet égard, sachez qu'un testament trouvé parmi les affaires personnelles du défunt doit être remis au notaire et enregistré dans les trois mois à compter du décès. Le notaire peut soit convoquer les héritiers pour procéder à la lecture du testament soit leur en adresser copie.

À retenir

- Le recours au notaire est obligatoire lorsque le défunt avait fait un testament ou une donation, possédait des biens immobiliers ou avait conclu un contrat de mariage.
- Entre autres formalités, le notaire établit la déclaration de succession au fisc. Cette déclaration n'est pas requise si le défunt ne possédait aucun patrimoine ou si le montant brut de la succession (en ligne directe) est inférieur à 50 00 0 €, à condition qu'il n'y ait pas eu antérieurement donation ou don manuel non déclaré.
- Avant la première entrevue avec le notaire, rassembler tous les documents relatifs à la situation familiale du défunt (livret de famille, convention de Pacs, contrat de mariage...) ainsi qu'à son patrimoine (comptes bancaires, titres de propriété...) et à ses dettes.
- Le notaire s'adresse au Fichier central des dispositions des dernières volontés, qui centralise l'information sur tous les testaments enregistrés en France.

La situation du conjoint survivant

Très souvent, la mort du conjoint plonge l'époux survivant dans l'insécurité financière. S'y ajoutent des tracasseries plus administratives : pourra-t-on librement disposer de l'argent des comptes ? Comment faire sa déclaration de revenus ? Certaines dispositions peuvent permettre d'envisager avec plus de sérénité les mois qui suivent le décès. Autant les connaître.

Les comptes et les placements

Dès que le banquier a connaissance du décès de l'un de ses clients, il bloque les comptes personnels (sauf le compte joint) : les procurations signées deviennent inutilisables. Pour autant, les mouvements ne sont pas impossibles. La banque continue à honorer les chèques et paiements par carte bancaire réalisés par le client de son vivant, ainsi que les prélèvements correspondant à des factures antérieures au décès. De même, il est procédé à la clôture des livrets et produits d'épargne (livrets A, bleu du Crédit mutuel, de développement durable, d'épargne populaire), puis à l'attribution des sommes aux héritiers. Seul le plan d'épargne logement (PEL) peut être transféré aux héritiers.

Le compte joint continue à fonctionner. Un compte ouvert au nom des deux conjoints, ou concubins, ou partenaires de Pacs, par exemple, continue à fonctionner normalement. Il peut donc être utilisé librement. Néanmoins, le solde constaté au jour du décès sera, en général, intégré pour moitié dans la succession. En effet, l'argent déposé sur un compte joint est réputé appartenir pour moitié à chacun des deux cotitulaires. Sauf si l'on prouve le contraire. Les héritiers peuvent ainsi obtenir l'intégration dans la succession d'une part plus importante s'ils démontrent que le défunt alimentait seul le compte.

LES CONTRATS D'ASSURANCE VIE SONT DISTRIBUÉS. Le décès du souscripteur entraîne le dénouement du contrat d'assurance vie (sauf souscription commune des deux époux) et le versement du capital aux bénéficiaires qu'il a désignés, et cela avec un régime fiscal avantageux. Lorsque le bénéficiaire est le conjoint ou le partenaire pacsé du souscripteur (son frère ou sa sœur sous certaines conditions), le capital lui est versé en franchise d'impôt. S'il s'agit d'un enfant (ou d'une autre personne), celui-ci profitera d'un régime fiscal allégé *(voir page 90)*.

Mais pour faire valoir son droit, encore faut-il savoir que l'on est bénéficiaire. Lorsque l'on pense être concerné par un tel contrat sans en trouver trace dans les papiers du défunt, il est possible d'interroger un organisme chargé de recenser les bénéficiaires des contrats d'assurance vie : l'AGIRA (1, rue Jules-Lefebvre, 75431 Paris Cedex 09). Il faut lui adresser un courrier, en joignant une preuve du décès du souscripteur du contrat d'assurance vie et en indiquant, le cas échéant, le lien de parenté qui vous unit à lui.

LE PLAN D'ÉPARGNE EN ACTIONS (PEA) EST FERMÉ. Au décès du souscripteur, le PEA est fermé ; mais les titres qui le composent (actions, parts de sicav ou de fonds communs de placement) ne sont pas automatiquement vendus. Ils sont transférés sur un compte-titres ordinaire. Il appartient aux héritiers de décider ce qu'ils veulent en faire : les vendre, se les partager ou les attribuer à l'un d'eux. Les gains tirés d'un PEA ne sont exonérés d'impôt sur le revenu, en principe, qu'après une période de détention minimale de cinq ans. Mais aucun impôt n'est dû si le PEA est clôturé plus tôt en raison du décès du titulaire. Il en va de même pour les prélèvements sociaux.

LE PLAN D'ÉPARGNE LOGEMENT (PEL) EST TRANSFÉRABLE. Le PEL fait exception. En effet, rien n'oblige à le fermer lorsqu'il n'est pas parvenu à son terme à la date du décès. Il peut être gardé tel quel et attribué directement à l'un des héritiers. Cette solution peut être retenue pour un PEL ancien (mais de moins de dix ans) au rendement fructueux. S'ils le préfèrent, les héritiers peuvent clôturer le PEL et se partager le capital ; les droits à prêt peuvent être attribués à l'un d'eux.

LE COFFRE. Si le défunt louait un coffre à la banque, celui-ci est bloqué dès que l'établissement est informé du décès. En principe, personne ne peut plus y accéder. En pratique, le conjoint survivant peut souvent le faire ouvrir si le coffre était loué au nom du couple. Autrement, son contenu ne peut être retiré qu'après instructions du notaire, éventuellement en présence de l'ensemble des héritiers.

Le logement

Si le défunt était locataire, certains proches peuvent obtenir le transfert du bail à leur profit. S'il était propriétaire de son logement, celui-ci revient à ses héritiers, mais le conjoint ou le partenaire de Pacs dispose d'un droit d'habitation.

LE DÉFUNT ÉTAIT LOCATAIRE. Pour une location classique (soumise à la loi du 6 juillet 1989 comme indiqué dans le bail), le bail se poursuit automatiquement au profit du conjoint survivant ou du partenaire de Pacs. Les héritiers ont l'obligation de payer le loyer pendant un an lorsque l'occupant est le conjoint (lui-même devant régler les charges et la taxe d'habitation). Ce même droit est accordé au partenaire pacsé, sauf si le défunt l'en a privé par testament.

En l'absence de conjoint ou de partenaire de Pacs, le bail se transmet aux descendants, ascendants, au concubin ou à la personne dont le défunt avait la charge. Attention : il faut en faire la demande, et ce transfert n'est possible que si le demandeur a vécu au moins un an avec le locataire avant le décès. Si plusieurs personnes revendiquent ce droit, le juge tranchera en appréciant l'intérêt de chacun. Si le défunt vivait seul, le décès met automatiquement fin au bail. Les héritiers doivent vider le logement le plus rapidement possible. Tant que cela n'est pas fait, ils doivent une indemnité d'occupation au propriétaire, égale au montant du loyer.

LE DÉFUNT ÉTAIT PROPRIÉTAIRE. Lorsque le logement était la propriété du défunt ou que les époux le détenaient en commun, les héritiers deviennent propriétaires du bien en indivision*. Ainsi, le plus souvent, le bien se retrouve en indivision entre les enfants et le conjoint survivant. Celui-ci peut l'occuper gratuitement pendant douze mois sans avoir à dédommager les héritiers ; il doit néanmoins payer les charges et la taxe d'habitation. Le partenaire de Pacs a les mêmes droits, sauf si le défunt en a décidé autrement par testament *(voir page 105).*

Le conjoint, et lui seul, peut même bénéficier sa vie durant d'un droit d'habitation du logement, à condition que le défunt n'en ait pas décidé autrement par un testament notarié. Pour bénéficier de ce droit, la veuve ou le veuf doit en faire la demande dans l'année qui suit le décès. Mais si ce logement ne répond plus aux besoins du conjoint survivant, il lui est possible de le donner en location afin d'en tirer un revenu pour financer un nouveau lieu de vie (maison de retraite par exemple). La garantie de rester dans le logement peut aussi être donnée au conjoint, par le biais de la donation entre époux ou du testament.

➤ La pension de réversion

Le conjoint survivant peut bénéficier d'une partie de la retraite que percevait le défunt ou qu'il aurait perçue plus tard s'il était encore en activité. Selon le parcours professionnel du défunt, plusieurs régimes de retraite peuvent verser cette prestation. Chacun d'eux a ses règles d'attribution.

Si le défunt était salarié, la veuve ou le veuf a droit à la réversion de la retraite de base du régime général et des retraites complémentaires Arrco et Agirc (s'il était cadre).

La réversion de la retraite de base est accordée sous une double condition. La première est une condition d'âge. À compter de 2009, il faut avoir au moins 55 ans pour en bénéficier. Toutefois, si l'assuré est décédé avant 2009, l'âge requis est 51 ans. La deuxième condition concerne les ressources de la veuve ou du veuf : elles ne doivent pas dépasser un certain plafond. Son montant est de 18 116,80 € par an en 2009 (28 986,88 € si le demandeur vit en couple). Notez qu'un ex-conjoint peut prétendre à la réversion qui sera alors partagée entre lui et le veuf ou la veuve au prorata des durées de mariage.

Pour les réversions des retraites complémentaires Arrco et Agirc, aucune condition de ressources n'est exigée. Mais il faut ne pas être remarié et avoir au moins 55 ans pour l'Arrco, 60 ans pour l'Agirc (55 ans pour les titulaires de la réversion de la Sécurité sociale). Aucune condition d'âge n'est exigée de l'Arrco et de l'Agirc si le conjoint survivant a à sa charge, au moment du décès, au moins deux enfants ou s'il est atteint d'invalidité.

L'ex-conjoint peut aussi prétendre à la réversion partagée, le cas échéant, avec le veuf ou la veuve ; les modalités de calcul sont très complexes : s'adresser au Cicas (Centre d'information, conseil et accueil des salariés) dont dépendait le défunt.

➤ Remboursement des frais de soins

Le conjoint survivant qui bénéficiait du remboursement de ses frais de soins sous le numéro de sécurité sociale de son conjoint continue d'y avoir droit pendant un an à compter du décès. Ce droit se poursuit sa vie durant s'il a ou a eu au moins trois enfants à charge. Ce maintien de droit s'interrompra dès qu'il aura sa propre couverture sociale. Il en sera ainsi s'il prend une activité professionnelle, perçoit une retraite ou la pension de réversion d'un régime de base. S'il ne peut à aucun titre être couvert, il pourra prétendre à la CMU. Se renseigner auprès de la Caisse primaire d'assurance maladie.

➤ Les impôts

Pour les revenus de l'année du décès, il faut faire deux déclarations. La première doit être établie dans les six mois du décès, et adressée au centre des impôts dont dépend le domicile du défunt. Elle porte sur les revenus du couple (ceux du défunt, de son conjoint) ainsi que ceux des personnes à charge le cas échéant, pour la période comprise entre le 1er janvier de l'année concernée et la date du décès. En mai, au moment de la déclaration normale des revenus, le veuf ou la veuve doit faire une seconde déclaration, à son nom, pour les revenus qu'il a perçus entre la date du décès et le 31 décembre de l'année. L'administration calcule l'impôt dû en appliquant à chaque fois le barème progressif. Le contribuable bénéficie donc, cette année-là, des premières tranches d'imposition sur lesquelles l'impôt est faible. Ce qui explique que pour les mêmes revenus, l'impôt à payer l'année d'un décès est plus faible qu'à l'ordinaire.

Par ailleurs, l'année du décès, le conjoint survivant a le droit de conserver le même nombre de parts pour son imposition personnelle (la période allant de la date du décès au 31 décembre) : 2 parts ou 2,5 parts si le défunt bénéficiait d'une demi-part supplémentaire en raison, par exemple, d'une invalidité.

➤ La voiture

La voiture du défunt fait partie de la succession et appartient donc en indivision aux héritiers. Elle peut être vendue à un tiers ou être attribuée à l'un des héritiers. Dans ce cas, la carte grise doit être établie à son nom : remplir une demande de certificat d'immatriculation (Cerfa n° 10672*03) et l'accompagner des justificatifs d'identité et de domicile du nouveau propriétaire, ainsi que de la carte grise actuelle. Il faut produire en outre soit une attestation du notaire chargé de la liquidation de la succession, indiquant que celle-ci comporte un véhicule, soit un acte de notoriété ou un certificat d'hérédité délivré par le maire. Les autres héritiers doivent faire une lettre de désistement en faveur de celui qui demande l'immatriculation à son nom. Cette lettre peut être remplacée par une attestation du notaire constatant l'accord des cohéritiers pour attribuer le véhicule à l'un d'eux. Attention ! Le fait que la carte grise soit établie au nom de M. ou Mme ne donne pas droit au conjoint survivant de vendre le véhicule sans le consentement des cohéritiers.

À retenir

Aide-mémoire des démarches à entreprendre

Dans les 24 heures

- Faire constater le décès par le médecin et le déclarer en mairie.
- Contacter les pompes funèbres (dans les 24 ou 48 heures).
- Rechercher les titres de concession s'il existe un caveau de famille.

Dans les 7 jours

- Avertir les établissements financiers pour le blocage des comptes du défunt.
- Pour obtenir des capitaux-décès, informer :

- l'employeur du défunt : il versera le solde de salaire et des indemnités. Faire le point sur les éventuels contrats de prévoyance ; ils peuvent verser un capital « frais d'obsèques » ou une rente. Demander le déblocage des sommes accumulées au titre de la participation, sur

un PEE ou sur un Perco. Attention ! Pour récupérer les sommes en cause sans avoir à payer d'impôt sur les éventuelles plus-values réalisées, il faut en faire la demande dans les six mois qui suivent le décès ;
- la mutuelle ou la complémentaire santé : certaines d'entre elles versent un capital à la famille lors du décès d'un assuré ;
- la caisse primaire d'assurance maladie : pour obtenir le capital décès si le défunt était salarié, chômeur indemnisé, en préretraite ou titulaire d'une pension d'invalidité.

• Informer les organismes qui versaient des prestations au défunt afin de ne pas recevoir des allocations indues qu'il faudra ensuite rembourser :
- les Assedic si le défunt percevait une allocation de chômage ou de solidarité, une préretraite ;
- les caisses de retraite de base et complémentaires si le défunt était retraité ;
- l'aide sociale du département s'il bénéficiait de l'APA ou d'une prestation du département notamment pour financer l'hébergement en maison de retraite ;
- la caisse d'allocations familiales pour les titulaires notamment d'une aide au logement ;
- la caisse d'assurance maladie pour ceux percevant des indemnités journalières, une pension d'invalidité...

Dans le mois

• Prendre contact avec le notaire : si la succession ne comprend pas de biens immobiliers et en l'absence de contrat de mariage, de donation, de donation entre époux ou de testament, il serait possible de s'en passer. Il est néanmoins fortement conseillé d'y recourir compte tenu de la complexité des droits des successions et de la fiscalité.

• Faire les demandes pour obtenir les prestations, telles que :
- les pensions de réversion : le conjoint survivant ou l'ex-conjoint doit faire la démarche auprès des régimes de retraite de base et complémentaires auprès desquels le défunt a cotisé *(voir page 150)* ;
- l'allocation de veuvage : à demander à la caisse régionale d'assurance maladie. Vous pourrez en bénéficier, sous certaines conditions, si vous ne remplissez pas la condition d'âge pour obtenir la pension de réversion du régime des salariés.

• En raison de la baisse de revenus du foyer, le conjoint survivant peut, sous conditions, prétendre à :

- une prestation de la caisse d'allocations familiales, par exemple une aide au logement ;
- l'aide à l'acquisition d'une complémentaire santé : sous condition de ressources, on peut bénéficier de la « CMU complémentaire » gratuite ou d'une aide financière à l'acquisition d'une complémentaire santé. Se renseigner auprès de la caisse primaire d'assurance maladie.

- Faire le point sur les contrats en cours :

- prévenir les organismes de crédit : les assurances décès éventuellement souscrites par l'emprunteur (obligatoire pour les prêts immobiliers) remboursent le capital restant dû ;
- prévenir la société auprès de laquelle a été souscrite l'assurance vie *(voir page 148)* ;
- résilier, si nécessaire, les contrats d'assurance habitation, automobile, complémentaire maladie..., ainsi que les abonnements EDF-GDF, France Télécom, câble... ou les faire transférer sur un autre nom pour le paiement des factures.

- Informer :

- le bailleur si le défunt était locataire et le syndic s'il était copropriétaire ;
- les locataires du défunt, s'il était propriétaire bailleur : leur donner les coordonnées de la personne qui encaissera les loyers ;
- le centre des impôts ;
- la caisse primaire d'assurance maladie.

Dans les 6 mois

- Faire la déclaration de succession à l'administration fiscale *(voir page 183 et suivantes).*
- Déclarer au centre des impôts les revenus perçus par le défunt et son foyer fiscal entre le 1er janvier de l'année et la date du décès.
- Transformer le compte joint en compte personnel.

RÉGLER LA SUCCESSION

Une fois les premières démarches et formalités accomplies, il faut régler la succession. La tâche n'est pas simple et peut demander un certain temps, même si les héritiers s'entendent bien. Au lendemain du décès, tous les biens du défunt appartiennent à l'ensemble des héritiers (on dit qu'ils sont en « indivision »), jusqu'à ce qu'il soit procédé à leur partage. La situation est en quelque sorte bloquée, en ce sens qu'aucun héritier ne peut utiliser les biens sans l'accord de tous les autres. Régler une succession, c'est donc déterminer précisément le montant de l'héritage et la part de chacun, payer les dettes du défunt et procéder au partage de ce qui reste. C'est seulement alors que les héritiers sont pleinement propriétaires des biens reçus et qu'ils peuvent en disposer à leur guise. Il leur faut aussi déclarer la succession et, le cas échéant, payer les droits au fisc. Il est important de ne pas confondre partage et déclaration de succession. Cette dernière est purement fiscale et sert uniquement à calculer le montant des droits à payer.

Accepter ou refuser la succession

Lorsque l'on hérite, c'est de tout : des biens du défunt, mais aussi de ses dettes. L'héritier a donc trois options. Il peut accepter purement et simplement la succession, y renoncer tout aussi radicalement, ou l'accepter « à concurrence de l'actif net ». Dans ce dernier cas, il n'aura pas à rembourser les éventuelles dettes du défunt si la part d'héritage ne suffit pas. Pour prendre sa décision, mieux vaut donc bien connaître les modalités et les effets de chacune de ces options.

Lorsqu'elle disparaît, la personne laisse un patrimoine qui forme un tout. Par conséquent, ses héritiers reçoivent les actifs du défunt, c'est-à-dire ses avoirs : la maison, le portefeuille boursier, le contenu des comptes bancaires... Et ils héritent aussi du passif, c'est-à-dire des dettes. Or ils devront rembourser certaines d'entre elles sur leur propre argent (« sur leurs propres deniers », disent les juristes...) si l'actif de la succession n'y suffit pas.

Évaluer la situation

Même sans connaître exactement le montant du patrimoine, le notaire peut l'évaluer en interrogeant les banques et en analysant les documents personnels du défunt. Certaines dettes sont facilement identifiables et mesurables, d'autres peuvent être plus difficilement chiffrables, voire passer inaperçues dans un premier temps.

➤ Les dettes connues et à venir

Le défunt laisse forcément des dettes, à commencer par les factures liées aux dépenses de la vie quotidienne (gaz, électricité, eau, téléphone, charges de copropriété, impôt sur le revenu, taxe d'habitation, chèques non débités...). S'y ajoutent les dépenses liées au décès lui-même : frais de dernière maladie*, frais funéraires. Certaines peuvent rester inaperçues un certain temps. Par exemple, le défunt a pu se porter caution pour son petit-fils. Il s'est ainsi engagé auprès de sa banque pour l'aider à payer un prêt étudiant, ou vis-à-vis de son propriétaire pour le loyer de son studio. Or, cet engagement se transmet aux héritiers, sachant qu'on ne peut leur réclamer que les dettes antérieures au décès. Ainsi, on ne peut exiger d'eux des impayés de loyers postérieurs au décès.

➤ La prestation compensatoire

Pour compenser la disparité des niveaux de vie créée par un divorce, le défunt versait peut-être à un ex-conjoint une prestation compensatoire, sous forme de rente ou de capital payé de façon échelonnée (sur huit ans maximum, en principe). Quelle que soit sa forme (la prestation versée en rente est convertie en capital), cette dette est à régler par les héritiers sur le montant de la succession : le solde dû vient en déduction de la succession à partager. Si celle-ci n'est pas suffisante, les héritiers n'ont pas à s'acquitter de cette dette avec leur propre argent. Ce principe vaut même s'ils ont accepté la succession *(voir page 163)*.

Cela dit, les héritiers peuvent décider ensemble de maintenir le versement de la prestation compensatoire tel qu'il était prévu avant le décès. Un tel accord doit être constaté par acte notarié. De ce fait, ils en deviennent personnellement débiteurs et doivent alors, si nécessaire, la payer avec leur propre argent.

➤ Les prestations sociales

Sachez tout d'abord que les prestations de l'aide sociale du département (aide ménagère, aide à l'hébergement en maison de retraite...) peuvent être récupérées sur les donations consenties par le bénéficiaire de ces prestations. Sont concernées les donations faites postérieurement à l'attribution de l'aide mais aussi dans les dix années précédentes. La récupération peut porter sur la valeur totale des biens donnés par le bénéficiaire de l'aide sociale, appréciée au jour où se fait le recours, déduction faite, le cas échéant, des plus-values résultant des dépenses ou du travail du bénéficiaire de la donation.

L'aide sociale du département mais également les caisses de retraite pour l'allocation de solidarité aux personnes âgées et l'allocation supplémentaire du fonds de solidarité vieillesse peuvent faire une récupération des prestations versées sur la succession elle-même, au décès du bénéficiaire. Les règles varient selon la nature de la prestation *(voir tableau page 161)*. Ainsi certaines prestations sont récupérées seulement si l'actif net de la succession (appelé également actif successoral) dépasse un certain montant. Or pour le calcul de cet actif successoral, il existe des règles précises, mais qui varient selon les institutions concernées.

L'aide sociale départementale retient tous les biens mobiliers et immobiliers possédés par le défunt au jour du décès, y compris les biens légués par testament. La valeur des donations n'est pas retenue car elles peuvent faire l'objet d'un recours spécifique. Les dettes de la succession sont retranchées de cet actif brut *(voir pages 171 et 188)*. Les frais de règlement de la succession (scellés, droits de succession...) sont normalement à la charge des héritiers. Mais leur déduction est souvent admise dans de nombreux départements.

Lorsqu'il s'agit de l'allocation supplémentaire ou de l'ASPA, les caisses de retraite apprécient différemment l'actif de succession. Sont retenus les biens du défunt, les legs et les donations consenties postérieurement à l'attribution de l'allocation, sauf lorsqu'elles ont été faites à un enfant unique, ou à un enfant pour l'avantager, ou lorsqu'il s'agit d'une donation-partage. Notez qu'au moment où l'allocation supplémentaire avait été demandée, les donations effectuées au cours des dix années précédentes avaient été retenues dans les ressources du demandeur.

Ainsi, l'héritage peut se trouver partiellement ou totalement absorbé par toutes ces possibilités de récupérations. Toutefois, les héritiers n'auront jamais à procéder au remboursement des prestations versées avec leur propre argent. Cette récupération n'est, par ailleurs, pas systématique : la décision est prise par la commission de l'aide sociale du département, qui statue au cas par cas, selon la spécificité de chaque dossier.

Si le défunt percevait une prestation d'aide sociale du département, ou l'allocation de solidarité aux personnes âgées, ou l'allocation supplémentaire du fonds de solidarité vieillesse (ex-fonds national de solidarité) également récupérables *(voir tableau ci-dessous)* n'oubliez pas de le signaler au notaire.

➤ Faire mettre des scellés

L'apposition de scellés peut être demandée notamment par le conjoint survivant, un héritier ou un légataire si le défunt possédait des objets de valeur et que l'on craint un détournement de ces biens. La demande est à adresser au greffe du tribunal de grande instance du lieu où se trouve le bien à mettre sous scellés. Le greffier, sur place, appose les scellés au moyen d'un sceau particulier dont l'empreinte est déposée au greffe.

Des délais pour prendre sa décision

Le choix pour un héritier d'accepter avec ou sans réserve ou de renoncer à la succession est individuel. Il ne vaut que pour lui et n'a aucune conséquence sur l'option des autres héritiers. Chacun est libre et sa décision ne s'impose pas aux autres.

UN HÉRITIER DISPOSE D'UN DÉLAI DE QUATRE MOIS pour décider d'accepter la succession (avec ou sans réserve) ou d'y renoncer. Pendant cette période, personne ne peut l'obliger à prendre parti. Mais passé ce délai et sans décision de sa part, il peut être sommé de se prononcer par un cohéritier, un créancier du défunt, une personne qui hériterait s'il renonçait, ou encore l'État. Cette sommation peut prendre la forme d'une lettre recommandée avec avis de réception. L'héritier concerné a alors deux mois pour prendre sa décision ou pour demander un délai supplémentaire au juge. Celui-ci ne lui sera accordé que s'il justifie d'un motif sérieux et légitime, ou pour clôturer l'inventaire en cours *(voir page 164)*. Si, à l'issue des deux mois ou du délai supplémentaire, il n'a toujours pas fait connaître sa décision, il sera censé avoir accepté, tout simplement !

Prestations sociales : récupérables ou non ?

Les différentes prestations	À quelles conditions ?	Comment ?
Aides à domicile versées par l'aide sociale : aide ménagère, portage de repas[1, 2]. Allocation compensatrice pour tierce personne ou ACTP[1, 3].	Récupérables si : – l'actif net de succession est supérieur à 46 000 € ; – le montant des prestations versées est au moins égal à 760 €.	La partie des prestations supérieure à 760 € est récupérable sur la part de l'actif de succession supérieure à 46 000 €.
Allocation personnalisée d'autonomie (APA)[1].	Non récupérable.	
Aide sociale à l'hébergement en maison de retraite[1, 4].	Récupérable sans condition.	La prestation versée est intégralement récupérable quel que soit le montant de l'actif de succession.
Allocation de solidarité aux personnes âgées (ASPA)[5].	Récupérable si l'actif net de succession est supérieur à 39 000 €.	L'ASPA est récupérable dans une certaine limite sur la part de l'actif de succession supérieure à 39 000 €[6].
Allocation supplémentaire du fonds de solidarité vieillesse (ex-FNS)[5].	Récupérable si l'actif net de succession est supérieur à 39 000 €.	La totalité de la prestation versée est récupérable sur la part de l'actif successoral supérieure à 39 000 €.

1. Dans le tableau sont décrites les règles générales, mais dans chaque département des règles plus favorables peuvent s'appliquer.
2. Les prestations d'aide ménagères accordées par les caisses de retraite ne sont pas récupérables sur succession.
3. L'ACTP n'est pas récupérable si les héritiers sont : le conjoint du défunt, ses enfants ou la personne qui a assumé sa charge de façon effective et constante.
4. Les aides au logement accordées par la Caisse d'allocations familiales ou la Mutualité sociale agricole ne sont pas récupérables.
5. Cette allocation est versée par les caisses de retraite avec des règles de récupération différentes de celles de l'Aide sociale.
6. L'ASPA versée en 2009 est récupérable dans la limite de 4 972,29 € pour une personne seule et de 7 459,13 € pour un couple.

Si personne ne lui demande de prendre position, un héritier a dix ans au maximum pour se prononcer (pour des successions ouvertes avant le 1er janvier 2007, ce délai est de trente ans). Au-delà de cette décennie, il est considéré comme ayant renoncé. Lorsque le conjoint survivant a conservé la jouissance des biens, ce délai de dix ans ne commence à courir qu'à son décès. Dans ce cas, cela revient à dire que les enfants ont encore dix ans après le décès du second parent pour se prononcer sur l'héritage du premier.

Le légataire dispose, tout comme l'héritier, de quatre mois pour prendre sa décision d'accepter ou non le legs. Mais ils peuvent, l'un comme l'autre, exercer leur choix dès le jour du décès.

Accepter purement et simplement

Lorsque la situation financière du défunt est saine, la succession peut être acceptée purement et simplement. Mais il n'est plus question ensuite de faire marche arrière : sauf cas rares, l'acceptation est un acte définitif et irrévocable, même si les dettes de la succession se révèlent plus importantes que prévu.

➤ Pas de formalité obligatoire

L'acceptation peut se faire de façon expresse en envoyant au notaire une lettre ou en demandant la délivrance d'un certificat de propriété, document attestant d'un droit de propriété sur un bien de la succession. Mais attention, certaines démarches ou certains actes peuvent laisser supposer que vous avez accepté la succession sans en avoir manifesté explicitement la volonté. On parle alors d'« acceptation tacite ». Conséquence : vous risquez d'être considéré comme héritier, et les créanciers du défunt pourraient se tourner vers vous pour récupérer leur dû. Afin de limiter les risques de cette acceptation tacite, la loi du 23 juin 2006 précise les actes que les héritiers et légataires peuvent accomplir sans que l'on considère qu'ils acceptent la succession.

➤ Les règles de l'acceptation tacite

Il y a acceptation tacite quand il y a une véritable intention d'hériter : par exemple, la personne se joint à une demande de partage de la succession. Il en est de même si elle vend un bien de la succession et garde l'argent pour elle. En cas de conflit, il faut savoir que les juges ont une conception subjective de l'acceptation tacite et analysent les circonstances de chaque cas pour se prononcer.

En revanche, ne donnent pas la qualité d'héritier les actes « conservatoires », c'est-à-dire réalisés pour sauvegarder et/ou conserver le patrimoine, ou éviter la perte d'un droit. Il en est ainsi :

- du paiement des frais funéraires, de dernière maladie*, des impôts dus par le défunt, des loyers, etc. ;
- de l'encaissement des revenus des biens de la succession ;
- de la vente de biens périssables ;
- des actes destinés à éviter que les dettes de la succession s'aggravent.

Sans qu'on le considère comme acceptant, un héritier peut, par exemple, encaisser des loyers d'un bien du défunt (à condition d'utiliser cette somme pour payer des dettes de celui-ci) ou encore renouveler le bail du locataire.

➤ Les conséquences de l'acceptation

L'héritier reçoit sa part, mais il est tenu de prendre en charge les dettes de la succession, même s'il doit pour cela vendre ses propres biens. Cela dit, cette obligation concernant les dettes comporte deux limites.

D'ABORD, LA CONTRIBUTION AUX DETTES EST PROPORTIONNELLE À LA PART D'HÉRITAGE que l'on reçoit. Par exemple, un héritier qui a droit à un quart de la succession n'aura à couvrir qu'un quart des dettes du défunt.

ENSUITE, LES HÉRITIERS PEUVENT ÊTRE PROTÉGÉS CONTRE DES DETTES DU DÉFUNT QUE L'ON DÉCOUVRE TARDIVEMENT. S'ils avaient des raisons légitimes d'ignorer leur existence au moment de l'acceptation de la succession, et que le paiement de cette dette menace grandement leur patrimoine, ils peuvent demander en justice d'en être déchargés. Cette action doit être engagée dans les cinq mois suivant le jour où l'héritier a eu connaissance de l'existence et de l'importance de la dette. Cette disposition a été créée par la loi de 2006, et l'interprétation des juges n'est pas encore connue. Mais on peut penser que découvrir, par exemple, que le défunt avait signé en secret un engagement de caution constituerait un cas possible de demande de décharge, à condition que le montant de la dette soit important par rapport au patrimoine de l'héritier.

Le légataire et les dettes de la succession. Le légataire est celui qui hérite grâce au testament fait par le défunt. Le legs universel permet de transmettre l'intégralité de ses biens à une seule personne, alors que le legs à titre universel ne porte que sur une partie de ses biens. Ces deux types de légataires, assimilés à des héritiers, peuvent avoir à payer le passif de la succession et subir, dans les mêmes conditions, les récupérations des prestations de l'aide sociale *(voir page 161)*. Ils peuvent donc aussi accepter le legs purement et simplement, à concurrence de l'actif net ou y renoncer.

Pour les successions ouvertes depuis le 1er janvier 2007, un légataire peut n'accepter qu'une partie des biens qui lui ont été transmis, à condition que le défunt n'ait pas écarté cette possibilité dans le testament. En outre, un légataire qui est aussi héritier peut accepter le legs, refuser l'héritage ou l'inverse. Le légataire à titre particulier reçoit un bien précis désigné ou une somme d'argent. Il ne peut que l'accepter purement et simplement, ou y renoncer. De toute façon, il n'a pas à payer les dettes du défunt.

➤ Le cantonnement

Le conjoint survivant peut renoncer à une partie de son héritage qui reviendra alors aux autres héritiers (principalement les enfants du défunt). Cette souplesse est accordée au conjoint qui hérite en vertu de dispositions prises en sa faveur par son époux (donation au dernier vivant ou testament). Mais attention, un conjoint qui craindrait que son époux ou épouse ne se démunisse trop peut le priver de cette faculté de renonciation par une clause de la donation ou du testament.

Accepter « à concurrence de l'actif net »

Lorsque les héritiers ont des doutes sur l'étendue des dettes laissées par le défunt, ils peuvent accepter la succession « à concurrence de l'actif net », c'est-à-dire en tenant compte des dettes : ils n'auront alors pas à rembourser celles qui dépasseraient la valeur de l'héritage. Cette nouvelle possibilité créée par la loi de juin 2006 remplace l'ancienne acceptation sous bénéfice d'inventaire.

Mais attention, l'héritier qui a accepté la succession à concurrence de l'actif net perd le droit de renoncer à la succession. Il peut, en revanche, renoncer à l'acceptation à concurrence de l'actif s'il constate que la succession est largement excédentaire. Il devient alors acceptant pur et simple.

➤ Quelles démarches ?

Il faut effectuer une déclaration au greffe du tribunal de grande instance du dernier domicile du défunt. Cette déclaration est rendue publique pour que les créanciers du défunt puissent en être informés. Il faut, en outre, faire établir un inventaire de la succession. Cette opération, à demander au notaire, notamment, consiste à estimer précisément, article par article, les biens et les dettes du défunt. L'inventaire doit être déposé au greffe du tribunal de grande instance dans un délai de deux mois à compter de la déclaration d'acceptation. Mais l'héritier peut demander un délai supplémentaire s'il justifie de motifs sérieux et légitimes qui retardent le dépôt de l'inventaire. Compte tenu du délai de quatre mois pendant lequel un héritier n'est pas obligé de se prononcer, il dispose donc de six mois pour faire réaliser l'inventaire.

➤ Quinze mois pour régler les dettes

Les créanciers ont quinze mois pour réclamer ce qui leur est dû après la publicité de la déclaration. S'ils ne le font pas, leurs créances* seront considérées comme éteintes. En principe, il appartient aux héritiers de gérer les biens : notamment d'accomplir les actes nécessaires à l'administration du patrimoine du défunt et de régler la succession. Mais ils peuvent demander au juge de désigner un mandataire qui se substitue à eux pour ces missions. Pendant ce délai de quinze mois, un héritier peut déclarer au tribunal vouloir conserver un ou plusieurs biens de la succession. Il doit alors payer aux créanciers la valeur de ces biens telle qu'elle a été fixée dans l'inventaire. Il peut aussi procéder à la vente des biens qu'il ne veut pas garder et verser le prix obtenu aux créanciers. Si, de mauvaise foi, il ne verse pas aux créanciers la valeur des biens conservés ou vendus, il perd le bénéfice de l'acceptation à concurrence de l'actif net et se retrouve donc obligé de payer les dettes.

Acceptation annulée

Un héritier ayant accepté la succession peut demander en justice l'annulation de sa décision, à condition d'apporter la preuve que son acceptation a été obtenue à la suite d'agissements frauduleux ou de violence. On parle, en droit, de « vices de consentement ». Il faut pour cela engager l'action dans les cinq ans à compter du jour où le problème a été découvert. Le simple fait de s'être trompé sur l'importance de la succession ne saurait fonder une telle demande.

Renoncer à la succession

➤ Dans quels cas renoncer ?

On peut toujours renoncer à une succession. Une telle décision se prend lorsque le défunt avait des dettes importantes et que l'on sait la succession déficitaire. Ce choix peut aussi s'opérer si l'héritier a reçu une donation importante du défunt, qui l'obligerait à indemniser les autres cohéritiers en cas d'acceptation *(voir pages 60-61, la règle du rapport)*. Cependant, les donations consenties depuis le 1er janvier 2007 peuvent prévoir que cette règle s'appliquera même si l'héritier renonce à la succession (on dit qu'il « sera tenu au rapport »).

Dernier motif de renonciation : avantager un autre héritier. Avant la réforme, lorsque l'on renonçait à la succession de ses parents, on ne favorisait pas ses propres enfants puisque la part abandonnée revenait aux autres cohéritiers – le plus souvent ses frères et sœurs. Depuis jan-vier 2007, il est possible de renoncer à la succession de ses parents pour favoriser ses enfants, ou à celle de son frère ou de sa sœur pour que ses propres enfants héritent de leur tante ou oncle décédé. Cette opération est d'autant plus intéressante que la jeune génération recevra la part d'héritage en payant les droits de succession que la génération intermédiaire aurait acquittés.

Exemples : Jeanne a deux fils : Alban et Grégoire. Alban a lui-même deux filles : Anne et Sophie. Au décès de Jeanne, Alban renonce à sa part d'héritage. Anne et Sophie héritent de leur grand-mère en bénéficiant d'un abattement de 156 359 €.

Juliette n'a pas d'enfants mais laisse, à son décès, deux sœurs, Claire et Aude. Aude qui a deux fils, Charles et Luc, renonce à la part de succession qui lui vient de sa sœur afin que Charles et Luc la reçoivent à sa place. Ils bénéficient de l'abattement de 15 636 € applicable entre frères et sœurs *(voir page 198)* et se la partagent.

➤ Les effets de la renonciation

CELUI QUI RENONCE À UNE SUCCESSION EST CONSIDÉRÉ COMME N'AYANT JAMAIS ÉTÉ HÉRITIER. Il ne reçoit aucun bien, mais en contrepartie on ne peut lui réclamer le paiement d'aucune dette du défunt. Toutefois, s'il s'agit d'un descendant ou d'un ascendant du défunt, il reste tenu de participer aux frais d'obsèques. Il garde en outre des droits qui n'ont pas de caractère financier. Il peut conserver des souvenirs de famille (des diplômes, des décorations du défunt).

CELA DIT, L'HÉRITIER RENONÇANT PEUT CHANGER D'AVIS PENDANT DIX ANS POUR ACCEPTER PUREMENT ET SIMPLEMENT LA SUCCESSION. Cette faculté ne lui est offerte que si la succession, entre-temps, n'a pas été acceptée par un autre héritier.

En ce qui concerne le calcul de la réserve, on ne tient pas compte de l'héritier renonçant, sauf si ses enfants héritent à sa place car il a renoncé à sa part de succession à leur profit. Autre exception : l'héritier renonçant peut, dans certains cas, être tenu au rapport de la donation dont il a profité *(voir ci-dessus).*

COMMENT PROCÉDER ? La renonciation doit être faite par déclaration au greffe du tribunal de grande instance du domicile du défunt. Elle est inscrite sur un registre spécial. Une renonciation établie autrement, même par acte notarié, n'a aucune valeur.

À retenir

- Aucun héritier n'est obligé d'accepter la part d'héritage qui lui revient. Il peut d'ailleurs y avoir intérêt : pour protéger son propre patrimoine ou avantager ses propres héritiers, ses enfants et petits-enfants.
- S'il a des doutes sur la situation patrimoniale du défunt, il peut se protéger en acceptant la succession à concurrence de l'actif net de succession. Il n'aura alors aucune dette du défunt à payer avec son propre argent.
- Il peut enfin choisir d'accepter purement et simplement la succession.
- Dans tous les cas, il a au moins quatre mois après le décès pour prendre sa décision.
- Enfin, le conjoint survivant peut faire « une cote mal taillée » : si la valeur des biens qu'il reçoit par succession est trop importante par rapport à ses besoins, il peut renoncer à une partie de la succession. Par cette décision, il avantagera les héritiers du défunt, c'est-à-dire, le plus souvent, les enfants de ce dernier.

Chiffrer la succession

Il faut maintenant calculer le montant de la succession, c'est-à-dire déterminer les biens à partager entre les héritiers et payer les dettes. Si le défunt était marié, on commence, la plupart du temps, par faire les comptes entre les époux. Une fois les biens déterminés et évalués, on y ajoute certaines donations faites par le défunt. Enfin, il faut tenir compte des dettes qui ne s'éteignent pas avec le décès. C'est après, seulement, qu'intervient le partage.

La liquidation du régime matrimonial

Cette opération consiste à partager les biens communs aux époux : c'est-à-dire distinguer les biens et droits revenant au conjoint survivant de ceux qui composeront la succession. Ce partage a lieu si les époux étaient mariés sans contrat de mariage ou sous le régime de la communauté universelle sans clause d'attribution intégrale (voir page 97). Le survivant conserve la moitié des biens de la communauté qui lui appartient ; seule l'autre moitié entre dans la succession du conjoint décédé. Cette liquidation est très complexe, et c'est le notaire qui s'en charge. La procédure se déroule en plusieurs étapes, que l'on peut schématiser comme suit.*

Dans un régime de communauté, on identifie trois catégories de biens : les biens personnels du mari (ou biens propres), les biens personnels de la femme (biens propres également), enfin les biens communs aux deux (voir page 25).

La première étape de la liquidation du régime matrimonial consiste à recenser les biens propres de chacun des époux. Mais tout n'est pas si simple car la vie commune a forcément provoqué des confusions entre les différentes catégories de biens. Par exemple, un héritage reçu par le mari a pu servir à faire des travaux dans la résidence principale appartenant aux deux conjoints : la communauté a donc une dette à son égard. À l'inverse, un conjoint aura une dette vis-à-vis de la communauté, si un prêt qu'il avait souscrit avant son mariage a été remboursé avec de l'argent de la communauté (des salaires perçus pendant le mariage par exemple).

Dans une deuxième étape, il faut donc faire les comptes entre la communauté et les époux. Lorsque c'est la communauté qui doit dédommager un époux ou l'inverse, on parle de « récompense ». Lorsqu'un époux reprend un bien propre, il s'agit d'une « reprise ». Une fois les trois catégories de biens définies, le partage de la communauté peut avoir lieu.

Dans les régimes de séparation de biens. Schématiquement, il existe deux catégories de biens : ceux du mari et ceux de la femme. Il n'y a pas de biens communs, donc pas de partage de communauté à faire. La succession ne se compose que des biens personnels du conjoint décédé *(voir page 20*

Patrimoine et donations

L'héritage à partager comprend les biens du défunt au jour de son décès, certaines donations faites par lui de son vivant, et les dettes qu'un héritier pouvait avoir à son égard (le montant d'un prêt, par exemple). On retient tous les biens, quelle que soit leur nature : maison, appartement, forêts, terres, voiture, valeurs en Bourse, livret de Caisse d'épargne. Les prestations de Sécurité sociale restant dues au défunt (remboursement des frais médicaux par exemple) viennent augmenter l'actif de la succession.

Les donations faites par le défunt en avance de l'héritage doivent être « rapportées », c'est-à-dire réintégrées à la succession pour le calcul de la part de chacun des héritiers *(voir pages 59-60)*. Attention ! Les héritiers qui acceptent la succession sont tenus de rapporter les donations, mais ceux qui y renoncent aussi, si le donateur l'avait prévu dans l'acte. Les donations faites en plus d'une part d'héritage ne sont pas rapportables, les présents d'usage et les donations-partages non plus *(voir pages 59, 60 et 67)*.

Le plus souvent, celui qui a reçu le bien en avance sur la succession le conserve et, au moment du partage, reçoit la différence entre ce qu'il a reçu par donation et ce à quoi il a droit. C'est ce que l'on appelle un « rapport en valeur ». Si la valeur de l'avantage qui lui a été consenti par le défunt dépasse la part à laquelle il a droit, il doit indemniser les autres héritiers (sur la valeur à retenir pour la donation, *voir pages 59 à 64)*. Le « rapport en nature » est beaucoup plus rare : dans ce cas, le bénéficiaire de la donation rend le bien donné pour qu'il soit partagé avec le reste de la succession. Cette situation se rencontre si le donateur l'avait prévu dans l'acte de donation. Cela peut se révéler nécessaire aussi lorsque la valeur du bien donné dépasse la part de succession et que l'indemnisation est impossible.

NE PAS CONFONDRE ! Il faut bien faire la distinction entre le rapport des donations dû uniquement par les cohéritiers, et la prise en compte de toutes les donations pour calculer si la quotité disponible dont pouvait disposer librement le défunt n'a pas été dépassée *(voir page 59)*. Chacun des héritiers réservataires (les enfants du défunt et, à défaut de descendance, son conjoint) doit recevoir la part d'héritage à laquelle il a droit selon la loi *(voir page 39)*. S'il apparaît que les donations consenties par le défunt sont plus importantes que la quotité disponible, et les spolient, ils peuvent en demander la réduction. Les bénéficiaires des donations doivent alors indemniser les héritiers réservataires.

Les dettes de la succession

EN PRINCIPE, LES DETTES ANTÉRIEURES AU DÉCÈS SONT À LA CHARGE DE LA SUCCESSION, c'est-à-dire qu'elles viennent en déduction de l'actif. Il s'agit des impôts dus par le défunt, des dettes envers la Sécurité sociale (par exemple des cotisations dues au titre de l'emploi à domicile), des engagements de caution *(voir page 157)*, des éventuelles prestations compensatoires *(voir page 158)*.

SONT TRAITÉES DE LA MÊME MANIÈRE LES DETTES LIÉES AU DÉCÈS. IL S'AGIT :

• des frais funéraires. Ils sont payés sur les biens de la succession. Si l'actif successoral est insuffisant, les héritiers doivent financer le surplus nécessaire – y compris celui qui renonce à la succession s'il est descendant ou ascendant du défunt.

• des frais de liquidation et de partage. Ce sont les dépenses engagées pour la gestion des biens de la succession, notamment les honoraires du notaire chargé des opérations de succession. Entrent aussi dans cette catégorie les indemnités de préavis, de congés payés et de rupture du contrat de travail de l'employé à domicile, s'il y en avait un.

• des créances dites de « salaire différé ». Sous certaines conditions, le conjoint survivant d'un chef d'entreprise artisanale, commerciale ou d'une profession libérale, ou encore les enfants d'un exploitant agricole, peuvent demander une indemnité s'ils ont participé à l'activité professionnelle du défunt sans recevoir de salaires ni de participation aux bénéfices.

• du remboursement de certaines prestations d'aide sociale *(voir page 161)*.

À retenir

- Si le défunt était marié, pour déterminer les biens entrant dans sa succession, le notaire procède à la liquidation du régime matrimonial, sauf régime de séparation de biens.
- La valeur du patrimoine se calcule en ajoutant aux biens du défunt les donations faites de son vivant, ainsi que les sommes d'argent qui lui restent dues. De ce montant, on retranche les dettes du défunt pour obtenir l'actif net.
- Les dettes à la charge de la succession sont celles contractées avant le décès et/ou directement liées à celui-ci.

Gérer les biens de la succession

Après un décès, les héritiers sont en indivision* : ils se retrouvent à gérer ensemble le patrimoine du défunt (maison, placements...) jusqu'à ce que chacun reçoive sa part d'héritage. En fonction du climat familial, de l'importance de la succession, de l'existence d'une maison de famille, cette situation peut perdurer. Le plus souvent, c'est au décès de son second parent que l'on se retrouve en indivision totale avec ses frères et sœurs.

Au cours de cette période d'indivision, les héritiers doivent prendre des décisions pour gérer les biens, organiser leur utilisation ou même leur vente. Jusqu'ici, c'était la règle de l'unanimité (nécessité de l'accord de tous les héritiers) qui prévalait. Source de blocages ou de conflits familiaux qu'il fallait faire trancher par le juge, cette règle a été largement assouplie au 1er janvier 2007. Ces nouvelles règles de gestion s'appliquent à toutes les indivisions en cours et pas seulement aux successions ouvertes à partir de 2007. Sauf dans un cas : si la justice a été saisie avant 2007 pour trancher un litige relatif à une indivision, l'affaire sera jugée selon les anciennes dispositions.

La prise de décision

C'est ensemble que les héritiers en indivision (dits « indivisaires » ou « co-indivisaires ») doivent assumer la gestion des biens de la succession. S'ils ne désirent pas mettre en place une organisation particulière *(voir page 175)*, les règles prévues par la loi s'appliquent.

➤ Les règles de base de l'indivision

L'accord de tous les héritiers reste exigé pour les actes importants : la vente ou la donation d'un bien immobilier, ou encore la prise d'hypothèque sur ce bien.

Mais les décisions concernant la gestion courante peuvent être prises par les héritiers représentant la majorité des deux tiers des droits et non des membres de l'indivision.

Exemples : au décès d'Albert, ses trois enfants, Pierre, Paul et Jacques, héritent de la totalité de ses biens. Aucun d'eux n'a été favorisé, ils ont des droits égaux. Deux enfants représentent alors la majorité des 2/3.

Paula a deux filles, Edwige et Lucie. Si elle ne prend aucune disposition particulière, à son décès, elles hériteront chacune de la moitié de sa succession. Pour toutes les décisions, sauf les actes conservatoires, elles devront se mettre d'accord. En revanche, si Paula, par testament, favorise Edwige de telle sorte que celle-ci reçoit les 2/3 de la succession et Lucie, 1/3, Edwige pourra prendre seule les décisions relatives à la gestion courante.

Quoi qu'il en soit, celui qui n'a pas participé à la prise de décision doit en être informé. Faute de quoi, celle-ci ne lui est pas opposable. Il pourra, par exemple, refuser de participer au financement de travaux réalisés dans la maison de famille. Pour donner cette information, la loi n'impose aucune forme particulière. Mais, pour des raisons de preuves, mieux vaut privilégier la lettre recommandée avec avis de réception, même si la précaution peut paraître superflue dans les familles où la bonne entente règne.

Les revenus de l'indivision. Tous les revenus produits par l'indivision (loyers encaissés ou revenus des placements, par exemple) appartiennent indistinctement à tous les membres de l'indivision. Ils s'ajoutent à la masse commune des biens qui seront à partager. Cependant, chaque indivisaire est en droit de demander, chaque année, sa part de revenus nets (déduction faite des dépenses à la charge de l'indivision). Elle prend la forme d'une avance sur ses droits à l'héritage et il en sera tenu compte le jour du partage.

Occuper la maison de famille. Chaque indivisaire a le droit d'habiter la maison détenue en indivision. Si l'un d'eux désire en avoir l'usage exclusif, il doit obtenir l'accord des autres héritiers. Les conditions de cette occupation doivent être, en outre, précisément définies. Ce droit peut être accordé moyennant le paiement d'une indemnité d'occupation fixée d'un commun accord, par référence, par exemple, au loyer qui serait tiré de la location. Cette indemnité peut être prélevée sur la part d'héritage du bénéficiaire ou être acquittée régulièrement tant qu'il habite la maison.

➤ Quand les héritiers indivisaires s'organisent

Les héritiers peuvent se mettre d'accord (obligatoirement à l'unanimité) sur le texte d'une convention organisant la gestion de l'indivision comme bon leur semble. Elle doit être écrite, désigner les biens de l'indivision qu'elle concerne et indiquer la quote-part de chaque héritier. Si elle se rapporte à des biens immobiliers, elle sera rédigée devant notaire. Les héritiers ont une grande liberté pour en déterminer le contenu, sachant que tous les points que ce document ne réglera pas seront régis par les dispositions prévues par la loi *(voir ci-dessus)*.

La convention peut être établie pour une durée indéterminée ou pour une période déterminée, au maximum de cinq ans renouvelables. Pendant ce délai, aucun des héritiers ne peut demander le partage sauf pour de justes motifs (mésentente grave, notamment). Si l'un d'eux s'oppose à son renouvellement, la convention cessera de s'appliquer et l'indivision sera soumise aux règles prévues par la loi. Chaque héritier indivisaire pourra alors demander le partage à tout moment, comme il pourrait le faire en présence d'une convention à durée indéterminée à condition, toutefois, que cette décision ne soit pas dommageable pour les autres héritiers *(voir page 178)*.

La convention d'indivision peut viser toute la succession ou certains biens seulement et permettre, entre autres, de désigner un gérant de l'indivision.

➤ Choisir un gestionnaire

UN HÉRITIER PEUT PRENDRE DE FAIT EN MAIN LA GESTION DES BIENS, sans qu'aucun co-indivisaire ne s'y oppose. Grâce à ce mandat, dit tacite, l'héritier gérant peut réaliser les actes d'administration courante, mais ne peut ni conclure un bail ou le renouveler, ni vendre ou donner un bien. Le mandat cessera automatiquement si un membre de l'indivision manifeste son désaccord.

Les héritiers peuvent aussi désigner quelqu'un qui se charge de la gestion courante des biens (y compris de la conclusion et du renouvellement d'un bail d'habitation). Il peut s'agir de l'un d'eux ou de toute autre personne (un administrateur de biens, par exemple). Cette désignation doit être prise à la majorité des deux tiers. Le mieux est d'établir, par écrit, un mandat dit d'administration générale et d'y détailler les pouvoirs confiés. Attention, le mandataire doit être désigné à l'unanimité lorsqu'on lui confie un acte qui sort de la gestion courante et qui exige l'accord de tous les héritiers (pour vendre un bien immobilier, en particulier). Pour faire face aux dépenses, il pourra utiliser les fonds de l'indivision (par exemple des loyers ou des revenus de placements). S'ils sont insuffisants, les héritiers devront personnellement couvrir l'ensemble des frais.

Vous pouvez prévoir la désignation d'un gérant dans une convention d'indivision signée à l'unanimité. Il sera chargé de gérer les biens de l'indivision : veiller à leur bon entretien, encaisser des loyers, payer les factures, conclure un bail d'habitation... Le gérant peut représenter les co-indivisaires en justice mais en aucun cas réaliser, de sa seule initiative, un acte pour lequel l'accord de tous les héritiers est nécessaire, comme vendre un bien immobilier.

Attention ! Vous ne pouvez désigner un mandataire, même à l'unanimité, si un membre de l'indivision a accepté l'héritage « à concurrence de l'actif net de la succession » *(voir page 164)*. En pareille situation, le gestionnaire ne peut être désigné que par le juge.

L'engagement du gestionnaire. Celui qui gère l'indivision doit être en mesure de justifier des revenus perçus et des dépenses engagées et répondre des fautes de gestion qu'il peut commettre. Un héritier qui subirait un préjudice imputable à une telle faute pourrait lui demander une indemnisation, si besoin en justice. Il en sera de même si le gestionnaire n'accomplit pas les actes pour lesquels il a reçu mandat. En outre, si le gérant est nommé par convention, il a l'obligation de rendre des comptes de sa gestion au moins une fois par an. Par écrit, il indique aux co-indivisaires les bénéfices réalisés ainsi que les pertes subies ou prévisibles. Chaque héritier peut exiger, par ailleurs, que lui soient fournis les documents relatifs à la gestion.

Majorité prévue par la loi pour prendre les décisions touchant aux biens en indivision

Unanimité

- Les actes dits de « disposition » qui font sortir un bien du patrimoine : vente d'un bien immobilier, donation, hypothèque, apport en société.
- La conclusion et renouvellement d'un bail portant sur un bien immobilier à usage agricole, commercial, industriel ou artisanal.
- La signature d'une convention pour gérer l'indivision avec notamment désignation d'un gérant.

Majorité des 2/3

- Les actes d'administration : actes de gestion courante pour conserver la valeur d'un bien ou le faire fructifier comme :

- les travaux d'entretien d'une maison ou d'un appartement ;

- la conclusion ou le renouvellement d'un bail d'habitation ou pour l'exercice d'une profession libérale ; le congé donné au locataire ;

- la désignation de la personne chargée de l'administration générale de l'indivision ;

- la vente de biens « mobiliers » (voiture, tableau, valeurs mobilières, etc.) pour régler des dettes ou des charges de l'indivision ;

- l'engagement d'une action en justice pour faire payer une dette due à la succession.

Un seul indivisaire

- Les actes conservatoires : actes nécessaires à la préservation des biens (sans qu'il y ait nécessairement urgence) comme :

- la mise en demeure adressée à un locataire mauvais payeur,

- la souscription d'un contrat d'assurance incendie pour un logement,

- le ramonage d'une cheminée.

Exemple : une maison de famille en indivision a besoin de réparations. Si les travaux sont nécessaires à la préservation du bien, un seul héritier peut en prendre la décision. Il en sera ainsi notamment de la réparation du toit qui laisse filtrer la pluie, à condition que le montant des travaux soit raisonnable. S'il s'agit de travaux d'entretien ou d'amélioration, la décision doit être prise à la majorité des deux tiers.

La durée de l'indivision

Un héritier indivisaire peut faire cesser l'indivision à tout moment puisque, selon la loi, nul n'est contraint de rester dans ce régime (sauf convention à durée déterminée, voir page 179). Ainsi, tout héritier et/ou légataire (universel ou à titre universel) peut demander quand il le souhaite le partage de la succession, sauf situations particulières impliquant une décision de justice.

➤ Indivision en sursis ou maintenue

LE TRIBUNAL DE GRANDE INSTANCE PEUT ACCORDER UN SURSIS AU PARTAGE, en le différant de deux ans au maximum. Ce sursis peut concerner la succession entière ou seulement certains biens. Seules deux situations permettent d'obtenir ce délai : si le partage immédiat risque d'être préjudiciable à la valeur d'un ou plusieurs biens de l'indivision (par exemple, une terre aujourd'hui agricole va devenir prochainement constructible) ; si la succession comporte une entreprise qu'un indivisaire peut reprendre, mais dans un certain délai (à la fin de ses études, par exemple).

L'INDIVISION PEUT AUSSI ÊTRE MAINTENUE lorsqu'il s'agit de protéger des enfants mineurs ou le conjoint survivant (sous certaines conditions) et seulement à l'égard d'une entreprise, d'un local d'habitation ou à usage professionnel, et des meubles garnissant ces locaux. Ce maintien de l'indivision peut être prononcé par décision de justice pour une période de cinq ans maximum, renouvelables jusqu'à la majorité des enfants ou au décès du conjoint.

➤ Héritage à vendre

Tout indivisaire peut vendre sa part d'héritage à qui il veut. Mais s'il veut céder sa part à une personne étrangère à l'indivision, il doit en informer les autres héritiers par huissier, en précisant le prix de vente et l'identité de la personne pressentie. Chacun des autres indivisaires peut alors user de son droit de préemption, c'est-à-dire se porter acquéreur du lot à condition de le faire savoir au vendeur, également par huissier, dans un délai d'un mois à compter de la notification du projet de vente. La vente doit alors se réaliser dans les deux mois à compter de cette réponse. À défaut, le vendeur adressera une mise en demeure de signer à son co-indivisaire. Si elle reste sans effet pendant quinze jours, le vendeur retrouve sa liberté de vendre à qui il veut.

L'entrée d'une personne étrangère dans une indivision dotée d'une convention à durée déterminée transforme celle-ci en convention à durée indéterminée. Chaque héritier peut ainsi demander le partage.

➤ Avance sur héritage

Si un des indivisaires a besoin d'argent, plutôt que de provoquer le partage, il a la possibilité de demander aux autres indivisaires une avance en capital sur son héritage. Ils peuvent alors accepter qu'un bien soit prélevé sur la succession ou accorder un prêt. En cas de refus, l'héritier mécontent peut saisir le tribunal de grande instance. Selon les circonstances, le juge peut accorder cette avance à condition qu'il existe des fonds disponibles.

➤ Sortir de l'impasse avec le mandat successoral

Il arrive que les héritiers dans l'indivision n'arrivent pas à tomber d'accord sur une décision à prendre. Le « mandat successoral judiciaire » peut leur apporter une réponse. Pour le mettre en place, il faut saisir le tribunal de grande instance (TGI), pour faire nommer un mandataire judiciaire chargé d'administrer provisoirement la succession. Il s'agira d'une personne qualifiée ou d'une association, fondation... Ce type de procédure peut être enclenchée par un héritier, un créancier de la succession, la personne chargée de sa gestion... La durée de la mission et la rémunération du mandataire sont fixées par le président du TGI.

Le mandataire est compétent pour réaliser tous les actes conservatoires (régler les dettes du défunt, percevoir des revenus, vendre des biens périssables...). Mais le juge peut l'autoriser à effectuer d'autres actes. La mission cesse automatiquement si les héritiers signent une convention d'indivision ou procèdent au partage de la succession.

La fin de l'indivision

L'indivision ne peut subsister que tant qu'il y a une communauté de vue entre ses membres. Si des tensions apparaissent, très vite la solution du partage s'imposera : c'est l'acte qui met fin à l'indivision en attribuant à chaque membre sa part d'héritage.

➤ Le partage amiable

Lorsque tous les héritiers sont d'accord pour sortir de l'indivision, ils peuvent procéder au partage amiable. Pour cela, ils doivent s'adresser au notaire si la succession comporte un bien immobilier. Sinon, ce n'est pas obligatoire. Tous les biens en indivision doivent être estimés selon leur valeur à l'époque du partage.

Avant de constituer les parts, il faut faire les comptes de l'indivision. L'un de ses membres peut avoir engagé des frais pour un bien de l'indivision (par exemple fait réaliser des travaux dans la maison de famille). Il a alors droit, au moment du partage, à une indemnité égale au montant de sa dépense. Si les travaux ont donné de la valeur au bien, l'indemnité sera égale à la plus-value. Les sommes dues à chaque indivisaire sont prélevées sur les biens à partager.

À l'inverse, un héritier peut avoir une dette vis-à-vis de l'indivision. Il en sera ainsi s'il a détérioré un bien ou s'il a emprunté à l'indivision ou demandé une avance sur ses droits. De même s'il a occupé un bien commun, il peut devoir une indemnité d'occupation *(voir page 175)*. Il est enfin redevable des revenus de biens indivis qu'il a pu encaisser (loyers, produits de placement...).

Une fois ces comptes faits, le partage peut avoir lieu. Il consiste à affecter à chacun un bien de valeur suffisante pour atteindre le montant de sa part. Lorsque le patrimoine est suffisamment diversifié, des lots correspondant aux droits de chacun sont constitués. Les héritiers peuvent choisir leur lot ou procéder par tirage au sort. Si l'on n'arrive pas à constituer des lots correspondant à la part de chacun, l'héritier recevant un bien d'une valeur supérieure à ses droits devra verser une somme d'argent – ou soulte* – à ses cohéritiers.

Un co-indivisaire silencieux. Depuis le 1er janvier 2007, il est possible de procéder à un partage amiable même lorsque l'un des co-indivisaires garde le silence. Un autre héritier peut le mettre en demeure, par huissier, de désigner un mandataire qui le représentera au partage. Le récalcitrant aura alors trois mois pour réagir. À défaut, il sera possible de demander au juge de désigner une personne qualifiée pour représenter l'héritier défaillant.

➤ Le partage judiciaire

C'est la seule voie possible lorsqu'il y a mésentente entre les membres de l'indivision, soit pour procéder au partage, soit sur la composition des lots. Il faut saisir le tribunal de grande instance du lieu d'ouverture de la succession. Un jugement sera prononcé. Lorsque la situation est simple, le juge ordonne le partage et renvoie les cohéritiers devant un notaire qui sera chargé de procéder aux opérations. Tous les biens de la succession seront estimés, des lots composés puis attribués par tirage au sort. Pour des successions plus complexes, un notaire est désigné pour réaliser les opérations de partage et un juge pour surveiller.

> ***Conseil***
>
> **Chercher à se mettre d'accord.** Le partage judiciaire est la plus mauvaise des solutions : la procédure est lourde et occasionne des frais élevés ; le tirage au sort des lots fait des mécontents. Mieux vaut sans doute prendre le temps de chercher un terrain d'entente.

À retenir

- Jusqu'au partage, les héritiers sont ensemble propriétaires des biens de la succession.
- La loi du 23 juin 2006 a assoupli les règles de gestion des biens en indivision : certaines décisions sont prises à la majorité des deux tiers et non plus à l'unanimité comme auparavant. Mais ces règles peuvent être aménagées, adaptées par les héritiers au mieux de leurs intérêts dans une convention d'indivision.
- Le partage met fin à l'indivision : chaque héritier reçoit la part d'héritage à laquelle il a droit et en devient propriétaire de façon individuelle. S'il ne peut être réglé de façon amiable entre les héritiers, il convient de saisir le tribunal de grande instance.

Déclarer la succession

La déclaration de succession doit être établie et adressée au service des impôts dans les six mois suivant le décès. Peu importe que le partage ait été effectué ou non, ou qu'il puisse exister des contestations entre les héritiers. Il s'agit d'un document purement fiscal, à rédiger avec soin, car c'est sur cette base que sont calculés les droits de succession éventuels.

La déclaration de succession est obligatoire. Toutefois, les héritiers en sont dispensés pour une succession en ligne directe* ou entre époux ou partenaires de Pacs, si l'actif brut de la succession est inférieur à 50 000 €. Il faut, en outre, que les héritiers n'aient pas bénéficié de la part du défunt, d'une donation ou d'un don manuel non enregistré ou déclaré. Dans les autres cas, la dispense de déclaration concerne les successions dont l'actif brut est inférieur à 3 000 €.

Les héritiers sont solidaires pour le paiement des droits de succession : cela signifie que le service des impôts peut réclamer la totalité de l'impôt à un seul d'entre eux. Pour cette raison, un seul héritier peut souscrire la déclaration au nom de tous les autres. À l'inverse, les légataires, qui reçoivent les biens en vertu d'un testament, ne sont pas solidaires : chacun d'eux doit donc, en principe, déclarer ce qu'il reçoit. En pratique, un légataire proche des héritiers peut se joindre à la déclaration commune.

Celle-ci doit être déposée au service des impôts du domicile du défunt, dans les six mois qui suivent le décès. S'il est survenu à l'étranger, le délai est porté à un an (il existe des règles particulières en Corse, se renseigner auprès du notaire ou des services fiscaux).

Si le défunt vivait à l'étranger, le dépôt se fait au service des impôts des non-résidents : 10, rue du Centre, 93 160 Noisy-le-Grand.

Les héritiers sont seuls responsables de la déclaration de succession. Celle-ci est une opération délicate, qui va bien au-delà de remplir un simple formulaire : elle nécessite des compétences juridiques très pointues. Même lorsque la loi ne l'impose pas *(voir page 141)*, il est donc fortement conseillé de recourir à un notaire.

Les biens à déclarer

La déclaration de succession liste les biens qui appartenaient au défunt, au jour de son décès. Tous doivent être déclarés, y compris ceux qui ne sont pas imposables et échappent au paiement des droits de succession (voir page 187). Les donations faites en avance sur la part d'héritage doivent aussi figurer dans la déclaration de succession. Vous n'aurez pas d'impôts à payer dessus : si des droits étaient dus, ils ont déjà été réglés lors de la donation.

➤ Si le défunt possédait un bien en usufruit

AU DÉCÈS DE L'USUFRUITIER, LE NU-PROPRIÉTAIRE ACQUIERT AUTOMATIQUEMENT LA PLEINE PROPRIÉTÉ du bien concerné.

Y a-t-il des droits de succession à régler ? Tout dépend de l'origine du « démembrement de propriété* » (la séparation des droits de propriété entre usufruitier et nu-propriétaire).

IL N'Y A RIEN À PAYER LORSQUE LE DÉMEMBREMENT RÉSULTE D'UNE CLAUSE D'UN CONTRAT DE MARIAGE, ou d'une donation si celle-ci a été réalisée plus de trois mois avant le décès. Il en est de même lorsque la situation est issue d'un héritage (ou d'un legs), par lequel l'usufruit avait été attribué à la personne aujourd'hui décédée, et la nue-propriété à ses héritiers.

Exemple : au décès de son mari, Jeanne a reçu l'usufruit d'une maison et leurs enfants, la nue-propriété. Jeanne n'a payé aucun droit de succession sur l'usufruit (les conjoints en sont exonérés) mais les enfants ont dû en acquitter sur la valeur de la nue-propriété. Au décès de Jeanne, ils deviendront automatiquement propriétaires de la maison sans droits à payer.

Il y a des droits à payer, et sur la valeur entière du bien, si le démembrement résulte d'un achat (par exemple, le défunt avait acheté l'usufruit d'un bien et son fils la pleine propriété) ou d'une vente avec réserve d'usufruit (le défunt avait vendu un appartement à un proche en s'en réservant l'usufruit), et si l'achat ou la vente est réalisé avec les héritiers, légataires ou donataires. En effet, dans une telle situation, l'acte ayant créé le démembrement est considéré comme fictif par le fisc. Cette règle pénalise l'héritier, puisque les droits à payer sont alors calculés sur la valeur en pleine propriété du bien dont le défunt détenait l'usufruit. Toutefois, elle ne jouera pas si l'héritier nu-propriétaire apporte la preuve qu'il a effectivement payé le prix de la nue-propriété et que l'opération est réelle.

➤ Sur quelles bases établir la déclaration ?

En principe, les héritiers doivent retenir la valeur vénale du bien au jour du décès, c'est-à-dire le prix que l'on pourrait tirer de sa vente. Cependant, il existe des règles spécifiques pour l'estimation de certaines catégories de biens.

Meubles d'habitation Le plus souvent, leur valeur est estimée au forfait, à 5 % du montant brut de la succession. Si celui-ci est très élevé, l'évaluation détaillée des meubles peut être plus favorable aux héritiers. On peut alors faire procéder à un inventaire en règle (par un notaire, un huissier, un commissaire-priseur..., *voir page 164*), et retenir le montant de cette évaluation. Autre possibilité : faire procéder à une vente aux enchères des meubles ; c'est alors le montant de cette vente qui est porté dans la déclaration.

Bijoux, pierreries, objets d'art et de collection. Le forfait de 5 % n'est pas applicable. En cas de vente aux enchères, c'est le prix obtenu qui est retenu. À défaut, la valeur imposable est celle indiquée dans un inventaire établi après le décès. Sinon, les héritiers devront eux-mêmes le fixer en indiquant la valeur mentionnée au contrat d'assurance vol ou incendie, en cours au jour du décès et conclu moins de dix ans auparavant.

Valeurs mobilières. La valeur déclarable est celle du cours moyen de la Bourse au jour du décès ou la moyenne des 30 derniers cours ayant précédé le décès. S'il s'agit de valeurs non cotées, une estimation doit être opérée par les héritiers. Le recours à une expertise est souvent nécessaire.

Biens immobiliers. En pratique, c'est souvent le notaire chargé du règlement de la succession qui donne cette information. Un abattement de 20 % est appliqué sur la valeur vénale du bien lorsqu'il s'agit de la résidence principale du défunt et de son conjoint ou partenaire de Pacs. Cette décote sera également appliquée si le défunt vivait : avec un ou plusieurs de ses enfants mineurs ou ceux de son conjoint ou partenaire de Pacs ; ou encore avec ses enfants majeurs ou ceux de son conjoint ou partenaire de Pacs. Il faut alors que l'enfant majeur bénéficie d'une mesure de protection de type tutelle ou soit dans l'incapacité de travailler dans des conditions normales de rentabilité du fait d'une infirmité.

Me Michel Camoz, notaire à Chambéry, conseille de ne pas céder à la tentation de sous-évaluer un bien immobilier lors d'une donation ou d'une succession. « C'est un très mauvais calcul. D'une part, les services fiscaux ont tous les outils pour apprécier les déclarations. Une sous-évaluation "retoquée" risque d'entraîner des droits supplémentaires qui peuvent être importants. D'autre part, en cas de revente d'un bien sous-évalué, on risque de payer l'impôt sur la plus-value qui sera souvent bien plus élevé que les droits de donation ou de succession dus. »

Les comptes bancaires. Le solde figurant au jour du décès figurera à l'actif successoral ; mais seule la moitié sera retenue si le défunt était marié sous un régime de communauté. Le fisc peut contrôler les mouvements de fonds opérés sur les comptes au cours de l'année précédant le décès et demander des explications sur ceux d'un montant important. Ces retraits peuvent être qualifiés de libéralités* (dons et/ou donations) s'ils ne correspondent pas à de véritables dépenses.

Livret d'épargne réglementé (livret A, livret de développement durable…). Qu'il soit au nom de monsieur ou de madame, pour un couple marié sans contrat de mariage (ou avec un régime matrimonial communautaire – *voir pages 17 à 21*), la moitié des sommes placées sur chacun d'eux entre dans l'actif de succession si l'argent est commun (livret alimenté par les salaires par exemple).

Nue-propriété et usufruit. Un héritier peut recevoir des droits en usufruit, un autre des droits en nue-propriété. Lorsque la propriété est ainsi démembrée, les valeurs respectives de chaque part sont fixées d'après un barème légal *(voir page 202)*.

Conseil

Déclarer au plus juste. Les héritiers ne doivent pas succomber à la tentation de trop minorer la valeur des biens. Le fisc dispose d'un pouvoir de contrôle étendu. S'il considère qu'il y a erreur, il peut réclamer un complément de droits avec intérêts de retard. S'il prouve en outre un « manquement délibéré » (entendez par là une déclaration de mauvaise foi...), il y ajoute des pénalités élevées. Me Michel Camoz ajoute : « Trop de gens mal conseillés ne font pas état au notaire du bénéfice d'une assurance vie. Il est nécessaire qu'un professionnel unique puisse regrouper toutes les informations et les synthétiser afin de calculer exactement la fiscalité globale de la succession. »

➤ Les biens exonérés

Certains biens doivent figurer sur la déclaration, mais ils ne seront pas pris en compte pour le calcul de l'actif de succession. Il s'agit de tous les biens qui bénéficient d'une exonération fiscale totale ou partielle. Parmi eux :

- des réversions de rentes viagères entre parents en ligne directe ;
- sous certaines conditions, les biens forestiers ou ruraux mais seulement pour une fraction de leur valeur ;
- les œuvres d'art, livres et objets de collection, documents de haute valeur historique ou artistique dont il est fait don à l'État avec son agrément ;
- sous certaines conditions, les entreprises individuelles ou parts et actions de société, à concurrence des trois quarts de leur valeur ; les immeubles classés ou inscrits à l'inventaire supplémentaire des monuments historiques et les meubles qui en constituent le prolongement historique.

➤ À ne pas porter dans la déclaration

Ne doivent pas figurer dans la déclaration de succession les biens que le conjoint recueille en vertu d'une clause du contrat de mariage (par exemple une clause d'attribution intégrale insérée dans un contrat de communauté universelle *(voir page 97)* ou une clause d'attribution en propriété d'un bien). En revanche, dans la déclaration, il est nécessaire d'indiquer s'il y a eu ou non contrat de mariage, et avec quelles dispositions.

Les dettes à déduire

Une fois établi l'actif de la succession, il faut enlever les dettes déductibles pour obtenir « l'actif net » : c'est la base de calcul des droits. Attention, seules sont déductibles les dettes répondant à plusieurs conditions que l'administration apprécie de façon très stricte.

La dette doit exister avant le décès et ne pas s'éteindre avec lui. Par exemple, on ne peut pas déduire le capital restant dû d'un prêt si l'emprunteur avait souscrit une assurance décès, grâce à laquelle l'assureur rembourse le prêt à la place du défunt. Il en est de même des frais de clôture des comptes du défunt, ou des honoraires d'un généalogiste*, car ils sont liés à un événement postérieur au décès.

Voici quelques exemples de dettes déductibles :

- des frais médicaux de dernière maladie* et/ou d'hospitalisation ;
- des frais funéraires dans la limite de 1 500 € sans qu'il soit nécessaire d'apporter des justificatifs des dépenses ;
- du salaire différé *(voir page 171)* ;
- des loyers que la succession rembourse au conjoint survivant ou au partenaire de Pacs pendant l'année qui suit le décès *(voir pages 30, 95 et 105)* ;
- des impôts dus par le défunt ;
- des achats payés par carte de crédit ou chèque non encore débités ;
- du dépôt de garantie qui devra être rendu au locataire ;
- des sommes nécessaires au paiement des prestations compensatoires *(voir page 158)* ;
- des sommes récupérées par l'aide sociale *(voir page 161)*.

Il faut être sûr que la dette existe (on parle de « dette certaine »), même si son montant n'est pas définitivement connu au moment de la déclaration. Si le montant déclaré diffère du montant réel, il conviendra de faire une « réclamation rectificative ». Enfin, il faut être en mesure de la justifier :

facture, contrat, acte notarié, jugement...

Les dettes antérieures sont non déductibles. On ne peut déduire les dettes échues depuis plus de trois mois lors de l'ouverture de la succession, car elles sont présumées remboursées. Il appartient aux héritiers d'apporter la preuve du contraire en produisant une attestation du créancier.

Le calcul des droits

Pour calculer les droits de succession, on effectue les opérations suivantes. Sur la part de succession revenant à l'héritier, il est pratiqué un abattement dont le montant varie en fonction du lien de parenté qui le lie au défunt, en tenant compte des donations dont il a bénéficié au cours des six années précédentes. Puis, sur la part taxable ainsi déterminée est appliqué un barème fiscal permettant de calculer le montant des droits. Dans certains cas, celui-ci peut être réduit. C'est le résultat de ce processus que les services fiscaux contrôleront après le dépôt de la déclaration de succession et le règlement des droits éventuels.

➤ L'abattement à retrancher

Une fois calculé le montant de la part revenant à chaque héritier, il faut en retrancher l'abattement autorisé par la loi. Il varie selon le lien de parenté qui existe entre l'héritier et le défunt et est revalorisé chaque année au 1er janvier. La loi d'août 2007 exonère totalement les successions entre époux ou partenaires de Pacs (y compris pour le capital d'assurance vie). Elle a, également, relevé l'abattement applicable aux enfants dans des proportions importantes : chaque enfant bénéficie, en effet, d'un abattement de 156 359 € sur la part de succession de chacun de ses parents. Il peut ainsi recevoir de ses deux parents jusqu'à 312 718 € en franchise de droits (pour un décès en 2009 : ces montants sont revus chaque année).

L'héritage entre frères et sœurs peut être exonéré de droits de succession (y compris pour le capital d'assurance vie), mais à plusieurs conditions. Il faut qu'au moment du décès du frère ou de la sœur, l'héritier soit célibataire, veuf, divorcé ou séparé de corps, et qu'il soit âgé de plus de 50 ans ou atteint d'une infirmité le mettant dans l'impossibilité de subvenir par son travail aux nécessités de l'existence. Il doit, en outre, avoir constamment habité avec son frère ou sa sœur durant les cinq ans précédant le décès de ce dernier ou de cette dernière. Si ces conditions ne sont pas remplies, le montant de l'abattement entre frère et sœur est de 15 636 € (chiffre pour un décès en 2009).

Pour un héritage entre oncle/tante et neveu/nièce, l'abattement est de 7 818 € pour un décès en 2009.

Un abattement de 1 564 € est accordé à tous les autres héritiers (les concubins par exemple).

Enfin, les personnes handicapées ont droit à un abattement spécifique de 156 359 € qui s'ajoute, le cas échéant, à celui dont elles bénéficient en fonction de leur lien de parenté avec le défunt. Est considérée comme handicapée, la personne incapable de travailler dans des « conditions normales de rentabilité » en raison d'une infirmité physique ou mentale, congénitale ou acquise.

➤ La prise en compte des donations antérieures

Pour calculer les droits de succession, le fisc remonte dans le temps et opère ce que l'on appelle un « rappel fiscal ». Il recense les donations notariées ou non, rapportables ou non *(voir pages 59-60)* faites moins de six ans auparavant. Comme le rappelle Me Anne Decorps-Scherbeck, notaire à Lunéville : « Pour déterminer les droits des héritiers, on tient compte des donations quelle que soit leur ancienneté. En revanche, pour le calcul de l'impôt, on rappelle les donations datant de moins de six ans. »

En outre, le fisc ne tient pas compte des dons en argent déclarés dans la limite de 31 272 € *(voir page 64)*.

SI LES DONATIONS REMONTENT À PLUS DE SIX ANS, LE FISC N'EN TIENT PAS COMPTE. L'héritier peut donc bénéficier une nouvelle fois de l'abattement complet, de l'application des tranches du barème et le cas échéant de la réduction.

SI LES DONATIONS REMONTENT À MOINS DE SIX ANS, l'administration fiscale considère succession et donations comme un tout : les abattements, les tranches d'imposition du barème *(voir page 195)* et les réductions déjà utilisés pour la donation ne jouent plus, ou seulement partiellement.

Exemple : Le 1er septembre 2007, Louis a donné à sa fille Irène un portefeuille d'actions de 40 000 € ; elle n'a pas payé pas de droits de donation dessus, compte tenu de l'abattement *(voir page 195)*. Louis décède en 2009. La valeur nette de la succession est estimée à 250 000 €. Comme la donation remonte à moins de six ans, l'abattement auquel Irène a droit est réduit à 116 359 € (156 359 € – 40 000 € de donation).

➤ Le barème de l'impôt

Une fois l'abattement imputé sur la part de succession de chaque héritier, les éventuels droits à payer sont calculés selon un barème progressif d'impôt : la part taxable est répartie en tranches, et un taux d'imposition s'applique sur chacune d'elles *(voir tableau page 195)*.

➤ Les réductions possibles

Sur le montant des droits ainsi calculé, l'héritier peut bénéficier d'une réduction des droits de succession dans deux cas :

- s'il a trois enfants (même si l'un d'eux est décédé après l'âge de 16 ans) : la réduction est de 610 € par enfant à partir du troisième si la transmission s'opère en ligne directe (de parents à enfants par exemple), et de 305 € par enfant à partir du troisième pour les autres successions ;
- s'il est mutilé de guerre, frappé d'une invalidité de 50 % au minimum : la réduction est de 305 €.

Exemples :

Paul a trois enfants et hérite de son père. Il a droit à une réduction de 610 € pour le 3e enfant.

Camille hérite de son oncle. Elle a cinq enfants. Elle peut prétendre à une réduction de 915 € (305 € x 3).

➤ Des exonérations de droits de succession réservée

Ne sont pas soumis aux droits de succession, les legs consentis :

- aux régions, départements, communes, à leurs établissements publics et aux établissements publics hospitaliers ;
- aux associations ou fondations reconnues d'utilité publique dont les ressources sont affectées à la protection de l'environnement ou des animaux ;
- aux établissements publics scientifiques, d'enseignement, d'assistance et de bienfaisance.

En outre, sont exonérées les successions des victimes de guerre ou d'actes de terrorisme ainsi que les biens des sapeurs-pompiers décédés en opération.

Revalorisation annuelle des abattements

Le montant des abattements et les tranches du barème des droits de succession sont désormais revalorisés chaque année en fonction de l'inflation et arrondis à l'euro le plus proche. Les chiffres donnés ici s'appliquent donc seulement en 2009.

Le paiement des droits de succession

LES DROITS DE SUCCESSION DOIVENT ÊTRE RÉGLÉS LORS DU DÉPÔT DE LA DÉCLARATION, c'est-à-dire dans les six mois suivant le décès, auprès d'un service particulier, appelé Service des impôts des entreprises (SIE). Classiquement, ils sont payés au comptant (par espèces, chèque ou virement), mais on peut s'acquitter de son obligation par d'autres moyens, notamment le don à l'État d'œuvres d'art, livres, objets de collection ou documents de haute valeur artistique ou historique. Il est aussi possible de donner des immeubles à condition que leur situation justifie leur conservation : un château, par exemple.

MOYENNANT INTÉRÊTS (3,79 % POUR 2009), IL EST POSSIBLE D'ÉCHELONNER LA DETTE, EN LA FRACTIONNANT OU EN LA REPORTANT. La demande doit être faite dans la déclaration de succession ou dans une lettre jointe. Mais dans les deux cas, elle doit contenir une garantie sérieuse : hypothèque sur un immeuble, par exemple.

Pour les héritiers qui reçoivent un bien en nue-propriété, le paiement des droits peut ainsi être différé jusqu'à l'expiration d'un délai de six mois à compter de la réunion de l'usufruit et de la nue-propriété.

Si les héritiers demandent le fractionnement, ils s'engagent à faire plusieurs versements égaux, à intervalles réguliers de six mois au plus, sur une période de cinq ans ou dix ans. Le nombre de versements est fonction du pourcentage que représentent les droits à payer par rapport au montant taxable : par exemple, deux versements en dessous de 5 % ; quatre jusqu'à 10 %...

En cas de transmission d'une entreprise, le paiement des droits peut, sous certaines conditions, être différé pendant cinq ans, puis fractionné sur une période de dix ans.

À retenir

- La déclaration de succession est un document fiscal qui sert de base au calcul des éventuels droits à régler.
- Elle n'est pas obligatoire pour une succession en ligne directe ou entre époux, si l'actif brut de la succession est inférieur à 50 000 € (3 000 € pour les autres successions) et s'il n'y a pas eu de donations.
- Dans tous les autres cas, il faut établir une déclaration de succession dans les six mois suivant le décès et l'adresser au centre des impôts du défunt.
- Il faut y faire figurer la totalité des biens composant le patrimoine du défunt au jour de son décès. En principe, ces biens sont retenus pour leur valeur vénale, c'est-à-dire le prix que l'on pourrait tirer de leur vente.
- Attention à ne pas sous-estimer la valeur des biens : le fisc a des pouvoirs de contrôle étendus. Et la note rectifiée peut être salée !

Barèmes et calculs

Vous trouverez dans les pages suivantes l'ensemble des barèmes à connaître et des exemples de calculs utiles.

✳ CALCUL DES DROITS DE DONATION **ENTRE CONJOINTS ET PARTENAIRES DE PACS**

Pour les décès survenus depuis le 22 août 2007, le conjoint survivant ou le partenaire de Pacs est exonéré de droits de succession

POUR UNE DONATION FAITE EN 2009 À SON CONJOINT OU PARTENAIRE DE PACS		
MONTANT DE LA DONATION	IMPOSITION	
Jusqu'à 79 222 €	Exonération	
BARÈME D'IMPOSITION POUR LA PART TAXABLE DE LA DONATION	TAUX D'IMPOSITION	CALCUL RAPIDE : MONTANT À SOUSTRAIRE
Inférieure à 7 922 €	5 %	0 €
Entre 7 922 et 15 636 €	10 %	396 €
Entre 15 636 et 31 272 €	10 %	1 178 €
Entre 31 272 et 542 043 €	15 %	2 742 €
Entre 542 043 et 886 032 €	20 %	56 946 €
Entre 886 032 et 1 772 064 €	30 %	101 247 €
Supérieure à 1 772 064 €	40 %	189 851 €

Exemple : pour la donation* d'un bien immobilier d'une valeur de 300 000 € faite à un partenaire de Pacs, la part taxable est de 220 778 € (300 000 – 79 222). Les droits de donation, avant réduction *(voir page 201)*, sont de 41 413,60 € (220 778 % x 20 % - 2 742 €).

** On prend comme hypothèse qu'aucune donation n'a été faite au cours des six années précédentes* *(voir page 106)*.

✳ CALCUL DES DROITS DE DONATION ET DE SUCCESSION **ENTRE PARENTS ET ENFANTS**

POUR UNE DONATION CONSENTIE EN 2009 OU UN DÉCÈS EN 2009		
MONTANT DE LA DONATION	IMPOSITION	
Jusqu'à 156 359 €	Exonération	
BARÈME D'IMPOSITION POUR LA PART TAXABLE DE LA DONATION ET DE LA SUCCESSION	TAUX D'IMPOSITION	CALCUL RAPIDE : MONTANT À SOUSTRAIRE
Inférieure à 7 922 €	5 %	0 €
Entre 7 922 et 11 883 €	10 %	396 €
Entre 11 883 et 15 636 €	15 %	990 €
Entre 15 636 et 542 043 €	20 %	1 772 €
Entre 542 043 et 886 032 €	30 %	55 976 €
Entre 886 032 et 1 772 064 €	35 %	100 275 €
Supérieure à 1 772 064 €	40 %	188 881 €

Exemple : pour une donation* d'un appartement d'une valeur de 300 000 € faite par un père à son enfant, la part taxable est de 143 641 € (300 000 – 156 359). Les droits de donation avant réduction sont de 26 956,20 € (143 641 € x 20 % – 1 772 €).

** On prend comme hypothèse qu'aucune donation n'a été faite au cours des six années précédentes.*

(1) Chaque parent peut donner en plus, à chacun de ses enfants, une somme d'argent jusqu'à 31 272 €, sans droits à payer dessus. Mais pour cela, il faut que le donateur soit âgé de moins de 65 ans et que le bénéficiaire ait au moins 18 ans *(voir page 115)*.

✳ CALCUL DES DROITS DE DONATION ET DE SUCCESSION **ENTRE GRANDS-PARENTS ET PETITS-ENFANTS ET ARRIÈRE-GRANDS-PARENTS ET ARRIÈRE-PETITS-ENFANTS**

POUR UNE DONATION CONSENTIE EN 2009 OU UN DÉCÈS EN 2009		
MONTANT DES DROITS	**IMPOSITION**	
• Pour une donation faite par un grand-parent à un petit-enfant : jusqu'à 31 272 € • Pour une donation faite par un arrière-grand-parent à un arrière-petit-enfant : jusqu'à 5 212 € • Pour une succession : jusqu'à 1 564 €	Exonération	
BARÈME D'IMPOSITION POUR LA PART TAXABLE DE LA DONATION ET DE LA SUCCESSION	**TAUX D'IMPOSITION**	**CALCUL RAPIDE : MONTANT À SOUSTRAIRE**
Inférieure à 7 922 €	5 %	0 €
Entre 7 922 et 11 883 €	10 %	396 €
Entre 11 883 et 15 636 €	15 %	900 €
Entre 15 636 et 542 043 €	20 %	1 772 €
Entre 542 043 et 886 032 €	30 %	55 976 €
Entre 886 032 et 1 772 064 €	35 %	100 278 €
Supérieure à 1 772 064 €	40 %	188 881 €

Exemple : pour une donation* d'un appartement d'une valeur de 300 000 € faite par un grand-père à sa petite-fille, la part taxable est de : 268 728 € (300 000 – 31 272). Les droits de donation avant réduction sont de 51 973,60 € (268 728 € x 20 % - 1 772 €).

** On prend comme hypothèse qu'aucune donation n'a été faite au cours des six années précédentes.*

1. Chaque grand-parent peut donner en plus, à chacun de ses petits-enfants, une somme d'argent jusqu'à 31 272 €, sans droits à payer dessus. Mais pour cela, il faut que le donateur soit âgé de moins de 65 ans et que le bénéficiaire ait au moins 18 ans *(voir page 125).*

✳ CALCUL DES DROITS DE DONATION ET DE SUCCESSION **ENTRE FRÈRES ET SŒURS**

POUR UNE DONATION CONSENTIE EN 2009 OU UN DÉCÈS EN 2009		
MONTANT DE LA DONATION	IMPOSITION	
Jusqu'à 15 636 €[1]	Exonération	
BARÈME D'IMPOSITION POUR LA PART TAXABLE DE LA DONATION ET DE LA SUCCESSION	TAUX D'IMPOSITION	CALCUL RAPIDE : MONTANT À SOUSTRAIRE
Inférieure à 15 636 €	35 %	0 €
Au-dessus de 23 975 €	45 %	2 398 €

Exemple : pour une donation* d'un appartement d'une valeur de 300 000 € faite par un frère à sa sœur, la part taxable est de : 284 364 € (300 000 – 15 636). Les droits de donation avant réduction sont de 125 565,80 € (284 364 x 45 % – 2 398).

** On prend comme hypothèse qu'aucune donation n'avait été faite au cours des 6 années précédentes.*

1. Exonération totale des droits de succession possible quand 3 conditions sont remplies. Le frère ou la sœur qui hérite doit être célibataire, veuf, divorcé ou séparé de corps ; être âgé de plus de 50 ans ou infirme ; avoir habité de façon constante avec le défunt pendant les 5 années précédant le décès.

✳ CALCUL DES DROITS DE DONATION ET DE SUCCESSION **ENTRE ONCLE, TANTE ET NIÈCE, NEVEU**

POUR UNE DONATION CONSENTIE EN 2009 OU UN DÉCÈS EN 2009[1]	
MONTANT DE LA DONATION ET DE LA SUCCESSION	IMPOSITION
Jusqu'à 7 818 €	Exonération
Sur la part de la donation et de la succession supérieure à 7 818 €	Imposition au taux de 55 % [2]

Exemple : pour une donation* d'un appartement d'une valeur de 300 000 € faite par une tante à sa nièce, la part taxable est de : 292 182 € (300 000 – 7 818). Les droits de donation avant réduction sont de 160 700,10 € (292 182 x 55 %).

** On prend comme hypothèse qu'aucune donation n'a été faite au cours des six années précédentes.*

1. À défaut de descendance, chaque oncle et tante peut donner en plus, à chacun de ses neveux et nièces, une somme d'argent, jusqu'à 31 272 €, sans droit à payer dessus. Mais pour cela, il faut que le donateur soit âgé de moins de 65 ans et que le bénéficiaire ait au moins 18 ans *(voir page 130)*.

2. Les neveux et nièces qui héritent par représentation de leur oncle ou tante (leur parent est décédé ou renonce à la succession) bénéficient du tarif applicable entre frères et sœurs. Ils supportent 35 % de droit jusqu'à 23 975 € puis 45 % au-delà (et non 55 %).

✳ CALCUL DES DROITS DE DONATION ET DE SUCCESSION ENTRE PARENTS JUSQU'AU 4e DEGRÉ

POUR UNE DONATION CONSENTIE EN 2009 OU UN DÉCÈS EN 2009	
	TAUX D'IMPOSITION
Sur le montant total de la donation	55 %
Sur le montant de la succession : Jusqu'à 1 564 €	Exonération
Au-delà	55 %

Exemple : pour une donation d'un appartement d'une valeur de 300 000 € faite entre cousins germains, les droits de donation avant réduction sont de 165 000 € (300 000 € x 55 %). S'il s'agit d'une succession, les droits seront de 164 139,80 € (300 000 € – 1 564 € x 55 %).

✳ CALCUL DES DROITS DE DONATION ET DE SUCCESSION ENTRE PARENTS AU-DELÀ DU 4e DEGRÉ ET NON-PARENTS

POUR UNE DONATION CONSENTIE EN 2009 OU UNE SUCCESSION OUVERTE EN 2009	
	TAUX D'IMPOSITION
Sur le montant total de la donation	60 %
Sur le montant de la succession : Jusqu'à 1 564 €	Exonération
Au-delà	60 %

Exemple : pour une donation d'un appartement d'une valeur de 300 000 € faite à son concubin, les droits de donation avant réduction sont de 180 000 € (300 000 € x 60 %). S'il s'agit d'une succession, les droits seront de 179 061,60 € (300 000 € – 1 564 € x 60 %)

HÉRITIERS, LÉGATAIRES OU DONATAIRES HANDICAPÉS

En plus de l'abattement auquel leur donne droit leur lien de parenté avec le défunt, ils bénéficient d'un abattement de 156 359 € pour un décès en 2009 ou une donation consentie en 2009.
Est considérée handicapée la personne incapable de travailler « dans des conditions normales de rentabilité » en raison d'une infirmité physique ou mentale qui ne soit pas la conséquence de la vieillesse. Si l'intéressé a moins de 18 ans, il doit être incapable d'acquérir une instruction ou une formation professionnelle d'un niveau normal. Enfin, sont considérées handicapées les victimes de guerre et d'accident du travail ayant obtenu une compensation de leur infirmité.
Exemple : Jean donne à son fils Lucas un appartement d'une valeur de 300 000 €. Lucas est atteint d'un handicap physique l'empêchant de travailler. Il n'avait jusque-là reçu aucune donation de son père. Il n'aura aucun droit à payer sur l'appartement car il bénéficie de deux abattements de 156 359 € (soit 312 718 € au total) : le premier comme enfant du donateur et le second au titre de son handicap.

RÉDUCTION DES DROITS DE DONATION EN FONCTION DE L'ÂGE DU DONATEUR ET DE LA NATURE DU DON

^ÂGE DU DONATEUR		NATURE DE LA DONATION	
		BIEN EN PLEINE PROPRIÉTÉ	NUE-PROPRIÉTÉ D'UN BIEN USUFRUIT D'UN BIEN
Moins de 70 ans	50 %	35 %	50 %
De 70 ans à moins de 80 ans	30 %	10 %	30 %
Donateur âgé de 80 ans et plus	Pas de réduction	Pas de réduction	Pas de réduction

Exemple : Jean, 65 ans, donne à sa fille, en pleine propriété, un appartement de 300 000 €. La part taxable est de : 143 641 € (300 000 € – 156 359 €). Les droits de donation sont de 26 956,20 € (143 641 € x 20 % – 1 772 €). Compte tenu de l'âge de Jean, on applique dessus une réduction de 50 %. Les droits de donation dus ne seront donc que de 13 478,10 €.

BARÈME DE L'USUFRUIT ET DE LA NUE-PROPRIÉTÉ

VALEUR FISCALE DE L'USUFRUIT VIAGER ET DE LA NUE-PROPRIÉTÉ		
ÂGE DU L'USUFRUITIER	VALEUR DE L'USUFRUIT	VALEUR DE LA NUE-PROPRIÉTÉ
Moins de 21 ans	90 %	10 %
De 21 à 30 ans	80 %	20 %
De 30 à 40 ans	70 %	40 %
De 41 à 50 ans	60 %	40 %
De 51 à 60 ans	50 %	50 %
De 61 à 70 ans	40 %	60 %
De 71 à 80 ans	30 %	70 %
De 81 à 90 ans	20 %	80 %
À partir de 91 ans	10 %	90 %

Exemple : au décès de Jean, Anne, sa concubine âgée de 75 ans, reçoit par testament l'usufruit de la maison dont la valeur est estimée à 400 000 €. François, son fils, reçoit la nue-propriété de ce bien. Pour le calcul des droits de succession, la valeur de l'usufruit sera de 120 000 € (30 % de 400 000 €) et celle de la nue-propriété de 280 000 €. La valeur fiscale de l'usufruit temporaire est égale à 23 % de la valeur du bien en pleine propriété par période de dix ans et cela sans fractionnement. Ainsi, un usufruit d'une durée de 15 ans, sur un bien d'une valeur de 150 000 €, a une valeur de 150 000 € x 23 % x 2, soit 69 000 €.

Exemple de calcul de droits de donation

Marc (60 ans) a deux filles : Zoé (35 ans) et Léa (32 ans). En 2009, il donne à chacune d'elles une somme d'argent de 31 272 € et à Léa, en plus, un studio d'une valeur de 120 000 €. En 2006, il leur avait donné à chacune un portefeuille d'actions de 50 000 €.

- Zoé ne paiera aucun droit sur les 31 272 € : elle peut profiter de l'exonération exceptionnelle puisque son père a 60 ans et elle, 35 ans.
- Léa n'a pas rien à payer non plus sur la somme d'argent de 31 272 €. En revanche, elle ne peut bénéficier à plein de l'abattement de 156 359 € auquel elle a droit en tant que fille du donateur puisque, dans les six années antérieures, elle a déjà profité de l'abattement de 50 000 € qui était accordé en 2006 pour les donations entre parents et enfants.
- L'abattement auquel elle peut prétendre en 2009 est donc de 106 359 € (156 359 € – 50 000 €). La part taxable du studio sera donc de 13 641 € (120 000 € – 106 359 €).

Les droits de donations sont calculés de la façon suivante *(voir tableau page 196) :*
13 641 € x 15 % – 990 €
= 1 056,15 €.
Comme Marc a 60 ans au moment de la donation, on applique sur le montant des droits une réduction de 50 % : le montant des droits est donc de 528,07 € (50 % de 1 056,15 €).

Exemple de calcul de droits de succession

M. et Mme Martin, mariés sous le régime de la communauté réduite aux acquêts, ont une fille, Claire. Au décès de M. Martin, les biens que le couple détient en commun représentent 500 000 €. La moitié de cette somme, soit 250 000 €, revient à Mme Martin. L'autre moitié, ainsi que les biens propres de M. Martin (qui représentent 160 000 €) constituent la succession, soit 410 000 €. Une fois les dettes du défunt retirées, l'actif net de la succession représente 400 000 €. Le couple avait conclu une donation entre époux. Mme Martin, âgée de 75 ans au moment du décès de son mari, reçoit l'usufruit total de la succession et ne doit dessus aucun droit de succession.
Claire reçoit la nue-propriété de la succession dont la valeur est de 70 % de 400 000 €, soit 280 000 € *(voir tableau page 202).* Elle a droit à un abattement de 156 359 € (aucune donation ne lui a été faite par son père dans les six années précédentes). La part taxable de la succession sera donc de 123 641 € (280 000 € – 156 359 €).
Les droits sont calculés de la façon suivante :
123 641 x 20 % – 1 772 €, soit 22 956,20 €.

FRAIS DE NOTAIRE

Pour la réalisation des actes, le notaire facture des émoluments dont le montant est réglementé. Cette tarification est fixe pour certains actes, proportionnelle à la valeur du bien sur lequel il porte pour d'autres. À cette rétribution peuvent s'ajouter des émoluments dits de formalités ainsi que des honoraires, au montant libre, pour les conseils qu'il prodigue.

Quelques exemples d'émoluments fixes :

- Rédaction d'un testament authentique : 130,96 € TTC.
- Testament olographe : frais de garde d'un testament olographe avant le décès, 30,56 € TTC ; frais du procès-verbal d'ouverture et de description : 30,56 € TTC.
- Inventaire : 87,31 € TTC.
- Donation entre époux : 130,96 € TTC.
- Mandat posthume : 130,96 € TTC.

Quelques exemples d'émoluments proportionnels

DONATION ACCEPTÉE OU DONATION-PARTAGE[1]	
MONTANT DE LA DONATION	TAUX
Pour la tranche allant : de 0 à 6 500 €	5,98 %
de 6 500 à 17 000 €	2,46675 %
de 17 000 à 30 000 €	1,6445 %
Plus de 30 000 €	1,23338 %

1. Ce barème est applicable pour les donations de biens immobiliers.

Exemple : pour un bien donné d'une valeur de 60 000 € les émoluments proportionnels s'élèvent à :

- de 0 à 6 500 : 6 500 x 5,98 % = 388,70 €
- de 6 500 à 17 000 : 10 500 x 2,46675 % = 259 €
- de 17 000 à 30 000 : 13 000 x 1,6445 % = 213,78 €
- de 30 000 à 60 000 : 30 000 x 1,23338 % = 370 €
- soit un total de : 1 231,48 €.

DÉCLARATION DE SUCCESSION	
ACTIF SUCCESSORAL BRUT	TAUX
Pour la tranche allant : de 0 à 6 500 €	1,9136 %
de 6 500 à 17 000 €	1,05248 %
de 17 000 à 30 000 €	0,7176 %
Plus de 30 000 €	0,52624 %

Exemple : pour un actif de succession de 150 000 €, les émoluments proportionnels s'élèvent à :

- de 0 à 6 500 : 6 500 x 1,9136 % = 124,38
- de 6 500 à 17 000 : 10 500 x 1,05248 % = 110,51 €
- de 17 000 à 30 000 : 13 000 x 0,7176 % = 93,29 €
- de 30 000 à 150 000 : 120 000 x 0,52624 % = 631,49 €
- soit un total de : 959,67 €.

À cette rétribution peuvent s'ajouter des émoluments dits de formalités ainsi que des honoraires, au montant libre, pour les conseils que le notaire prodigue.

ADRESSES UTILES ET TEXTES DE RÉFÉRENCES

- Sur le site du Conseil supérieur du notariat : www.notaires.fr, vous trouverez des informations multiples ainsi que les adresses des chambres départementales des notaires.
- **Service notaires infos :** 0892 011 012. Plate-forme téléphonique ouverte du lundi au vendredi de 9 h 30 à 13 heures.
- **Allô service public :** en téléphonant au 39 39, vous obtiendrez des informations de façon personnalisée et anonyme sur vos droits, obligations, démarches à accomplir notamment en matière de régimes matrimoniaux, Pacs, succession, donation...
- **Assurance vie :** Agira, organisme chargé de recenser les bénéficiaires des contrats d'assurance vie, 1, rue Lefebvre, 75431 Paris, cedex 09.
- **Pour se procurer les textes :** lois, décrets et arrêtés sont publiés au Journal officiel et consultables sur www.legifrance.gouv.fr. Si vous connaissez précisément les références du texte recherché, vous pouvez aussi le demander, par courrier, à la Direction des Journaux officiels : 26, rue Desaix, 75727 Paris, cedex 15, tél. 01 40 58 79 79. Des frais d'expédition sont à ajouter à la commande.
- Sur le site impots.gouv.fr, vous pouvez obtenir des informations sur les droits de donations, mais également sur la déclaration des dons en argent. Pour cela, allez sur « particuliers » puis « vos préoccupations » puis « patrimoine ».
- **Pour des informations et des conseils :** www.notretemps.com et le service aux lecteurs de *Notre Temps* : 01 41 61 23 65.
- **Pour des informations sur les démarches après un décès,** Association française d'information funéraire (AFIF) www.afif.asso.fr. Permanence au 01 45 44 90 03.

TEXTES DE RÉFÉRENCE

Code des assurances

Assurance vie : articles L 132 à L 132-1

Code civil

Succession

- conditions pour hériter : www.legifrance.gouv.fr
- preuve de la qualité d'héritier : www.legifrance.gouv.fr
- droits des parents en l'absence de conjoint successible : www.legifrance.gouv.fr
- ordres des héritiers : articles 734 à 740
- degrés : articles 741 à 745
- représentation : www.legifrance.gouv.fr
- droits du conjoint : articles 756 à 767
- acceptation pure et simple de la succession : articles 782 à 786
- acceptation de la succession à concurrence de l'actif net : articles 787 à 803
- renonciation à la succession : articles 804 à 808
- mandat à effet posthume : articles 812 à 814-1
- indivision : articles 815 à 815-18
- partage : articles 816 à 892
- réserve héréditaire et quotité disponible : articles 912 à 917

- action en réduction : articles 921 à 928
- renonciation anticipée à l'action en réduction : article 920 à 930-5

Donation

- conditions et effets des donations : articles 931 à 966
- donations-partages : articles 1076 à 1078-10
- dispositions entre époux par contrat de mariage ou pendant le mariage (donation entre époux) : articles 1091 à 1099-1

Testament

- règles générales sur la forme des testaments : articles 967 à 980
- legs universel : articles 1003 à 1009
- legs à titre universel : articles 1010
- legs particuliers : articles 1014 à 1024
- exécuteurs testamentaires : articles 1025 à 1034
- testaments-partages : articles 1079 à 1080

Contrat de mariage et régimes matrimoniaux

- communauté légale : articles 1400 à 1491
- communauté de meubles et acquêts : articles 1498 à 1501
- communauté universelle : article 1526
- séparation de biens : articles 1536 à 1543
- régime de participation aux acquêts : articles 1569 à 1581

Code général des impôts

- dons manuels : article 757
- règles communes pour établir la base de calcul des droits de donation et de succession : articles 758 à 763 bis ; règles spéciales aux successions : articles 764 à 775 quinquies ; règles spéciales aux donations : articles 776 à 776 ter
- tarif des droits de donation et de succession : articles 777 à 778 bis ;
- abattements : règles communes aux droits de donation et de succession : article 779 à 787 C ; règles spéciales aux successions : articles 788 à 789 ; règles spéciales aux donations : articles 790 à 791 ter.

Glossaire

On trouvera dans ce lexique les mots signalés dans le texte par un astérisque (*), ainsi que des mots et expressions encore couramment employés par les notaires en matière de succession et d'héritage.

Abattement : partie d'une donation ou d'une succession qui n'est pas taxée par le fisc. Cette part est plus ou moins importante selon le lien de parenté qui existe entre celui qui fait la donation et celui qui la reçoit, ou entre celui qui hérite et le défunt.

Ab intestat : se dit d'une succession dont les biens sont attribués aux héritiers selon les règles fixées par la loi. Le défunt n'a pris aucune disposition (ni testament, ni donation).

Abusus : c'est l'un des éléments constitutifs du droit de propriété. Il s'agit du droit de disposer du bien, c'est-à-dire de le vendre, de le donner ou de le modifier.

Acquêts : biens mobiliers et immobiliers achetés pendant le mariage par les époux. Dans les régimes matrimoniaux de communauté, ils sont communs aux époux. Au décès de l'un, la moitié revient au conjoint survivant ; l'autre moitié fait partie de la succession.

Acte authentique : acte rédigé dans les formes légales, par un notaire ou un huissier notamment, qui authentifie son contenu et sa date.

Acte de notoriété : acte par lequel le notaire atteste de la qualité d'héritier d'une personne.

Actif successoral : la valeur totale des biens de la succession représente l'actif brut. Il faut en retirer les dettes du défunt pour obtenir l'actif net taxable.

Action en réduction : recours que peuvent exercer les héritiers réservataires (*cf.* réserve) contre des donations et/ou legs qu'aurait consentis le défunt, et qui les privent de la part d'héritage leur revenant de par la loi.

Action en retranchement : recours en justice que peuvent exercer des enfants nés d'une première union à l'encontre du conjoint survivant de leur père ou mère décédé. Cette action peut être engagée lorsque le défunt avait consenti un avantage matrimonial à son conjoint qui prive ses enfants de leurs parts de réserve. Depuis 2007, les enfants d'une première union peuvent renoncer à l'avance à exercer leur action en retranchement.

Arbitrage : terme bancaire qui désigne les choix à opérer entre différents placements en fonction de ses objectifs (au-delà d'un souci de rentabilité, on peut souhaiter privilégier la sécurité, la transmission, la fiscalité avantageuse, ou vouloir protéger un proche, par exemple...).

Ascendant : votre père, votre mère, vos grands-parents, arrière-grands-parents sont vos ascendants.

Attestation de propriété : établie par le notaire, elle constate la transmission de la propriété des biens immobiliers.

Biens communs : biens appartenant indistinctement aux deux époux et qui sont, en principe, partagés par moitié au moment de la dissolution du régime matrimonial (notamment au décès de l'un des époux).

Biens immobiliers : biens que l'on ne peut déplacer, comme les maisons, terrains, forêts, appartements...

Biens mobiliers ou meubles : on désigne ainsi les objets que l'on peut déplacer comme les meubles d'une maison, une voiture, un tableau, du linge..., mais également les placements, les portefeuilles de valeurs...

Biens propres : biens appartenant personnellement à l'un ou l'autre des époux. Par exemple, pour un couple marié sous le régime de la communauté réduite aux acquêts, les biens que chacun reçoit par donation ou succession.

Cantonnement : possibilité pour le conjoint survivant de renoncer à une partie de la succession de son époux ou épouse décédé au profit des héritiers (la plupart du temps les enfants du défunt). Ce n'est cependant possible que si le conjoint hérite en vertu de dispositions prises en sa faveur par son époux ou épouse (donation ou testament).

Certificat de propriété : établi par le notaire, il permet de transférer au nom du ou des héritiers le livret de Caisse d'épargne, le portefeuille de valeurs ...

Clause de préciput : clause d'un régime matrimonial par laquelle on attribue au conjoint survivant un bien précis (appartement ou maison, par exemple), avant le partage de la communauté.

Codicille : modification partielle d'un testament.

Collatéraux : membres d'une même famille qui descendent d'un ancêtre commun (le père ou la mère, le grand-père ou la grand-mère...). Les frères et sœurs dont des collatéraux comme le sont également les oncles et neveux, les cousins.

Communauté : dans un régime matrimonial de communauté, certains biens sont communs aux deux époux. Selon qu'il s'agit d'une communauté réduite aux acquêts, d'une communauté de meubles et acquêts ou d'une communauté universelle, cette liste de biens est plus ou moins étendue.

Communauté légale : régime matrimonial qui s'applique aux époux mariés sans contrat de mariage. Pour les unions conclues avant 1965, il s'agit d'une communauté légale de meubles et acquêts.

Communauté réduite aux acquêts : régime matrimonial des personnes mariées après 1965 sans contrat. Il limite le patrimoine commun aux biens acquis pendant le mariage.

Communauté universelle : régime matrimonial dans lequel les époux partagent tous leurs biens passés et présents.

Convention d'indivision : contrat signé entre les héritiers qui désirent rester en indivision (*cf.* indivision).

Cousins germains : enfants de ses oncles et tantes.

Cousins issus de germain : enfants des cousins germains.

Créance : droit d'exiger la remise d'une somme d'argent (par exemple le remboursement d'une dette). La banque a, par exemple, une créance vis-à-vis des emprunteurs.

Déclaration de succession : imprimé administratif à remplir dans les six mois du décès. Y sont récapitulés les biens composant la succession, les dettes et les éventuels droits de succession à payer. Ceux-ci sont, en principe, à régler en même temps que le dépôt de la déclaration.

De cujus : terme latin désignant le défunt.

Degré de parenté : en ligne directe (entre parent et enfant par exemple) on compte un degré par génération. Par exemple, un fils et son père sont parents au premier degré. En ligne collatérale, pour déterminer le nombre de degrés entre deux personnes, il faut remonter à l'ancêtre commun. Ainsi, un frère et une sœur sont parents au deuxième degré (un degré pour aller du fils au défunt, un degré pour aller du défunt à sa fille).

Démembrement de propriété : être propriétaire d'un bien donne le droit de s'en servir (*cf.* usus), d'en tirer des revenus (*cf.* fructus), en le louant par exemple, et d'en disposer librement (*cf.* abusus), c'est-à-dire le vendre, le donner, le modifier. L'usufruitier possède les deux premières pièces du puzzle. Le nu-propriétaire, quant à lui, peut théoriquement vendre son droit mais pas le bien. Lorsque les prérogatives du propriétaire sont partagées entre nu-propriétaire et usufruitier, on dit que le bien est démembré.

Descendants : vos enfants, petits-enfants, arrière-petits-enfants sont vos descendants.

Dévolution légale : sous ce terme on regroupe toutes les règles qui s'appliquent quand une succession s'ouvre sans testament ni donation.

Dol : manœuvre frauduleuse destinée à tromper.

Donataire : celui qui reçoit la donation.

Donateur : celui qui fait la donation.

Donation : acte notarié par lequel le donateur transfère la propriété d'un bien à une autre personne (le donataire) qui l'accepte.

Donation avec réserve d'usufruit : donation que l'on fait en se réservant le droit, sa vie durant, d'utiliser le bien à sa guise.

Donation en avancement de part successorale : elle n'a pas pour but d'avantager un héritier car au jour du décès du donateur, il en sera tenu compte pour déterminer les parts d'héritage. Avant 2007, ces donations étaient dites « en avance d'hoirie ».

Donation entre époux : appelée également « donation au dernier vivant ». Elle ne prend effet qu'au décès du conjoint, contrairement à la donation classique dite « de biens présents », qui entraîne la transmission immédiate du bien donné.

Donation hors part successorale : donation consentie à un héritier afin de l'avantager. La donation vient en plus de la part de succession qui lui revient. Avant 2007, ces donations étaient dites « par préciput et hors part ».

Don manuel : remise de la main à la main d'une somme d'argent, de bijoux... Bien que cette donation ne soit pas constatée par un acte notarié, elle est valable. Son intérêt est sa simplicité et l'économie que représente le fait de ne pas passer devant notaire. Son inconvénient ? L'absence de preuve de la réalité de ce don. Il peut ne pas être déclaré au fisc au moment où il est fait. Les éventuels droits de donation ne sont alors pas dus. Mais si le fisc vient à connaître de l'existence du don, ces droits seront exigibles.

Donation-partage : acte par lequel une personne répartit tout ou partie de ses biens de son vivant.

Droits de donation : impôts à payer au fisc lors d'une donation.

Droits de mutation à titre onéreux : impôts à payer lorsque le transfert de la propriété d'un bien se fait moyennant une contrepartie financière (prix de vente d'un logement par exemple). Ils s'opposent aux droits de mutation à titre gratuit dus lorsque le transfert de propriété se fait par donation ou succession.

Droit de retour : depuis 2007, les père et mère du défunt, si celui-ci est décédé sans laisser de descendance, peuvent récupérer les biens qu'ils avaient donnés à leur enfant. Ce droit de retour ne peut porter sur plus d'un quart de la succession par parent. Si le père et la mère sont déjà décédés, les frères et sœurs du défunt ont un droit de retour sur la moitié des biens que le défunt avait reçus de ses ascendants par succession ou donation et qui se retrouvent en nature dans la succession.

Droits de succession : impôts qui doivent être payés par le(s) bénéficiaire(s) d'une succession.

Droit d'usage et d'habitation : le titulaire de ce droit ne peut qu'utiliser le bien mais pas en tirer de revenus. Il peut occuper le logement sur lequel porte son droit, mais pas le donner en location.

Exécuteur testamentaire : personne désignée par testament et chargée de veiller à la bonne exécution des dernières volontés du testateur (voir ce mot).

Expédition : copie de l'acte dont le notaire garde toujours l'original dans son étude.

Fente successorale : partage du patrimoine du défunt en deux parties, l'une étant destinée à la famille de la mère du défunt, l'autre à la famille du père.

Fichier central des dispositions des dernières volontés : ce fichier regroupe les testaments ainsi que les donations entre époux (donation au dernier vivant) déposés chez les notaires.

Frais de dernière maladie : frais médicaux et d'hospitalisation déductibles de l'actif successoral (voir ce mot).

Fructus : un des droits constitutifs du droit de propriété. Celui qui le détient peut percevoir les produits et revenus du bien concerné (les loyers d'un appartement donné en location par exemple).

Généalogiste : professionnel qui se charge, moyennant finances, de retrouver les héritiers potentiels du défunt.

Héritier : celui qui hérite car la loi l'a prévu. On parle aussi d'héritier « présomptif ».

Héritier réservataire : *cf.* réserve.

Indivision : période transitoire entre le moment du décès et celui du partage. Pendant cette période, tous les héritiers sont globalement propriétaires de la succession sans qu'il y ait eu attribution personnelle des biens.

Inventaire : acte par lequel sont récapitulés les biens du défunt mais également ses dettes.

Légataire : bénéficiaire d'un legs. On peut parfois être héritier et légataire.

Légataire à titre universel : celui qui reçoit par testament une quote-part de la succession (un tiers, un quart, tous les meubles...).

Légataire particulier : celui qui reçoit par testament une somme, un objet ou un bien défini.

Légataire universel : celui qui reçoit par testament la totalité des biens disponibles du testateur.

Legs : bien attribué par testament.

Libéralités : donations et legs.

Ligne : toutes les personnes qui descendent d'un même ancêtre sont dites de la même ligne. On précise qu'elles sont en ligne directe si elles descendent l'une de l'autre (comme la fille descend du père), et en ligne collatérale si elles ne descendent pas l'une de l'autre mais ont un ancêtre commun (comme les frères et sœurs ou les cousins).

Mandat de protection future : par ce mandat, une personne peut organiser par avance sa protection patrimoniale et personnelle pour le cas où elle serait hors d'état de pourvoir seule à ses intérêts. Ce mandat peut être fait devant notaire ou sous seing privé (voir ce mot).

Meubles : *cf.* biens mobiliers.

Nu-propriétaire : il a l'assurance de détenir plus tard (au décès de l'usufruitier ou lorsque cessera l'usufruit) le bien en pleine propriété (*cf.* pleine propriété).

Olographe : *cf.* testament olographe.

Ordre : on appelle ainsi les différentes catégories d'héritiers, classées de façon bien déterminée. La place d'un héritier dans le premier ordre lui confère une priorité sur les autres héritiers. Ainsi, les enfants sont des héritiers du premier ordre, les parents et les frères et sœurs des héritiers du deuxième ordre...

Pacte successoral : acte par lequel un héritier réservataire renonce par avance à faire une action en réduction (*cf.* action en réduction). C'est-à-dire qu'il s'engage à ne pas remettre en cause les donations ou legs consentis par son père ou sa mère, même si la part d'héritage qui lui revient de droit s'en trouve réduite (*cf.* réserve).

Partage : acte qui met fin à l'indivision et qui attribue à chaque héritier son lot.

Passif : ensemble des dettes d'une personne, d'une entreprise ou d'une société.

Patrimoine : ensemble des biens entrant dans la fortune d'une personne.

Pension de réversion : fraction des retraites du défunt versée au conjoint survivant par les caisses de retraite.

Pleine propriété : la pleine propriété d'un bien est détenue quand on a les trois prérogatives du propriétaire : le droit de s'en servir, d'en tirer des revenus et d'en disposer librement (vendre, donner...).

Présent d'usage : cadeau qui ne constitue pas un don manuel. Il n'est donc pas imposable ni à prendre en considération au moment du règlement de la succession de celui qui l'a fait. Pour qu'il y ait présent d'usage, deux conditions doivent être remplies : il doit être fait à l'occasion d'un événement particulier (anniversaire, réussite à un examen, mariage...) et sa valeur doit être modique par rapport à l'ensemble des biens de celui qui le fait.

Quotité disponible : part d'héritage qui n'est pas réservée par la loi aux héritiers réservataires et dont on peut disposer librement.

Quotité disponible spéciale entre époux : part de ses biens dont on peut disposer au profit de son conjoint par donation entre époux ou testament. Elle est plus importante que la quotité disponible ordinaire.

Rapport : opération par laquelle sont réintégrées dans la succession les donations faites en avance sur la part d'héritage.

Réduction : *cf.* action en réduction.

Remploi (clause de) : lorsqu'une donation porte sur une somme d'argent, par exemple, cette clause prévoit que les fonds devront avoir un usage précis : l'achat d'un bien immobilier, la souscription d'un contrat d'assurance vie, etc.

Représentation successorale : mécanisme juridique par lequel un petit-enfant hérite de ses grands-parents à la place de son père ou de sa mère décédés prématurément. Depuis 2007, ce principe peut jouer lorsque la génération intermédiaire renonce à la succession. La représentation joue également en ligne collatérale : les neveux et nièces peuvent hériter de leur oncle ou tante lorsque leur parent, frère ou sœur du défunt, est décédé avant ce dernier.

Réserve : part minimale d'héritage qui revient de droit aux héritiers réservataires. Il s'agit des enfants du défunt, à défaut ses petits-enfants (lorsque les enfants sont décédés avant) et, en l'absence de descendance, du conjoint.

Retranchement : *cf.* action en retranchement.

Réversibilité : disposition permettant de prévoir qu'à son décès, une rente ou un usufruit sera attribué à une personne nommément désignée.

Scellés : bande de papier ou de toile apposée sur des meubles ou la porte du logement et fixée par des cachets de cire, pour éviter des détournements de biens.

Souche : lorsqu'une personne hérite par représentation, le partage se fait par souche. Exemple : Louis a deux enfants, Jean et Jacques. Jean décède en 2006 et laisse deux filles. Au décès de Louis, la succession se divisera en deux souches : celle de Jacques et celle de Jean. Mais la part de ce dernier reviendra à ses deux filles. Chacune d'elles recevra donc un quart de la succession.

Soulte : somme d'argent destinée à compenser notamment tout ou partie d'une part d'héritage.

Sous seing privé (acte) : se dit d'un acte passé entre des particuliers, hors la présence d'un notaire (*cf.* acte authentique).

Succession en déshérence : se dit de la succession d'une personne décédée sans héritier, ni légataire. En pareil cas, l'État hérite.

Testament : acte écrit dans lequel une personne exprime ses dernières volontés et prend des dispositions pour régler la transmission de ses biens après son décès.

Testament authentique : acte réalisé devant notaire et deux témoins ou devant deux notaires.

Testament mystique : testament secret remis au notaire qui dresse, en présence de deux témoins, un acte officialisant ce dépôt.

Testament olographe : acte entièrement écrit, daté et signé à la main.

Testament-partage : testament par lequel une personne partage entre ses descendants les biens de sa succession.

Testateur : celui qui rédige un testament.

Usufruitier : personne qui a le droit de se servir du bien sur lequel porte l'usufruit ou d'en percevoir les revenus sans en être propriétaire.

Usus : l'un des droits constitutifs du droit de propriété grâce auquel on peut utiliser un bien, en avoir l'usage.

Index

A

Abattement : 66, 72, 189, 192, 201
Accepter ou refuser la succession : 157
Actif successoral : 157
Adoption/adopté : 23, 96
Allocation compensatrice pour tierce personne (ACTP) : 161
Allocation personnalisée d'autonomie (APA) : 153, 161
Allocation de solidarité aux personnes âgées (ASPA) : 159, 161
Arbitrages : 16, 207
Assurance décès : 109, 188
Assurance vie : 49, 75, 87, 90, 95, 100, 108, 121, 129
- clause bénéficiaire : 129
Authentique (acte) : 63, 79, 207

B

Bail (transmission de) : 31, 149, 163, 175
Barèmes : 195 à 203
Biens communs/Biens propres : 18, 25, 32, 57, 84, 96, 169, 207

C

Cantonnement : 164
Certificat de décès : 80, 133, 135, 137
Certificat d'hérédité : 142
Chiffrer la succession : 169
Coffre : 142, 149
Communauté légale : 208
- universelle : 21, 57, 96, 102, 189, 208
Comptes bancaires : 25, 142, 145, 157
Concession funéraire : 137, 152
Concubin/Concubinage : 24, 36, 75, 103, 106, 108, 109, 147
Conjoint : 17, 21, 27, 30 à 34, 37, 39 à 43, 84, 89, 99, 102, 147, 194
Contrat de mariage : 32, 133, 141, 143, 145, 153, 169, 206
Contrat obsèques : 140

D

Décès : 133 à 140
Déclaration de succession : 141, 145, 154, 183, 187, 189, 192, 204
Degré (de parenté) : 28, 29
Démarches (après décès) : 133 à 140, 152, 165
Démembrement de propriété : 184, 208
Déshériter : 17, 39, 47, 51
Dettes : 40, 81, 155, 158 à 171, 188, 202
Divorce : 86, 143, 158, 17, 197
Don : 164, 115
- manuel : 66 à 68, 126, 142, 183
Donation : 46, 55 à 76
- avec réserve d'usufruit : 71
- entre époux/au dernier vivant : 43, 57, 84 à 87, 99, 102, 106, 142, 153, 203
- graduelle : 69, 83, 122
- hors part successorale : 61, 119, 209
Donation-partage : 46, 67 à 74, 98, 117, 203
- pour création d'entreprise : 65
- résiduelle : 70, 83, 122
- transgénérationnelle : 125, 127
Droit d'habitation du logement : 31, 149, 174

Droit de retour : 34, 41, 57, 85, 89, 100
Droits de donation : 56, 65, 66, 67, 70, 116, 120
Droits de succession : 75, 87, 95, 109, 128, 190, 192

E
Égalité (entre les enfants) : 68, 119
Enfant handicapé : 54, 70, 115, 122, 190
Exécuteur testamentaire : 91
Exonération/Exonérer : 65, 74, 88, 93, 115, 121, 148, 187, 191

F
Famille recomposée : 47, 66, 68, 92, 120
Fiscalité
- de l'assurance vie : 129
- des donations : 72
Funérailles (voir aussi Obsèques) : 136 à 140

G
Généalogie/Généalogiste : 188

H
Handicap/Handicapé : 45, 54, 70, 79, 91, 115, 122, 190, 200
Hoirie (en avance d') : 60

I
Indivision : 155, 173 à 181
Inventaire : 104, 143, 160, 165, 185, 203, 210

L
Legs/légataire : 59, 76, 81 à 83, 91, 100, 103, 109, 164, 191
- à titre universel : 82, 164, 206
- à une association : 44
- graduel et résiduel : 83, 100
- universel : 82, 164, 206
Libéralités : 186
Ligne directe : 53, 64, 74, 123, 128, 145, 183, 193, 208
Liquider son régime matrimonial :170

M
Mandat à effet posthume : 91, 205
Mandat successoral : 179

N
Notaire (recourir au) : 104, 135, 141, 143
Notoriété (acte de) : 152, 207
Nue-propriété/nu-propriétaire : 56, 63, 71 à 73, 116, 128, 184, 187, 200

O
Obsèques : 76, 133 à 140, 152
Ordre de priorité (des héritiers) : 27, 28, 30, 210

P
Pacs : 22, 36, 95, 104 à 111
Pacte successoral : 17, 45, 51, 59, 107, 122
Partage : 36, 46, 53, 62, 63, 67, 75, 91, 142, 148, 169 à 183
Patrimoine : 16, 53, 169
Petit(s)-enfant(s) : 125 à 131
Pleine propriété : 33, 42, 85, 89, 98, 99, 106, 128, 185, 200
Pompes funèbres : 135 à 139
Présent d'usage : 64, 211
Prestation compensatoire : 158
Protection sociale (du conjoint survivant) : 17, 24, 84, 97

Q
Quotité disponible : 40, 42, 51, 58 à 61
- spéciale entre époux : 87, 99, 102

R
Rapport : 60 à 64, 166, 170, 171
Récompense : 11, 97
Récupération des prestations sociales : 158, 161
Réduction : 17, 58, 66, 73, 74, 85, 106, 115, 126, 191, 200
Régime matrimonial : 22, 23, 26, 96, 98, 142, 170
- changer de : 23, 26, 98
Remariage : 19, 20, 43, 97
Remploi (clause de) : 19, 56
Rente viagère : 33, 47, 48, 49, 82, 123
Représentation (hériter par) : 35, 41, 198
Reprise : 65, 170
Réserve/Réservataire : 17, 39 à 47, 51, 55, 59, 68, 71, 114, 125

Retranchement : 20-21, 97, 98, 207
Réversibilité : 48
Réversion : 26, 33, 86, 101, 133, 150, 151, 187
Révocation (d'une donation) : 57, 58, 83, 87, 91

S
Saut de génération : 67, 127
Scellés : 11, 160
Séparation de biens : 20, 21, 22, 32
Souche : 127
Soulte : 119, 180

T
Testament : 75 à 84, 91, 100, 105, 107, 129, 141, 144
- authentique : 79
- mystique : 79
- olographe : 77, 78, 203
Fichier central des testaments : 79
Testament-partage : 83, 129

U
Usufruit : 48, 56, 71, 99, 100, 109, 116, 184, 187, 200, 201

V
Viager : 48, 201

REMERCIEMENTS

Nous remercions pour leur relecture et leurs conseils les notaires maître Michel Camoz, maître Jacques Combret, maître Ghislain Declercq, maître Anne Decorps-Scherbeck, maître Sylviane Plantelin, ainsi que M. Michel Kawnick, de l'Association française d'information funéraire (AFIF).

Cet ouvrage a été composé par
Atlant'Communication
aux Sables-d'Olonne (Vendée)

Impression réalisée par
KOROTAN

en mai 2009
pour le compte des Éditions de l'Archipel
département éditorial
de la S.A.S. Écriture-Communication

Imprimé en Slovénie
Dépôt légal : juin 2009